U0113391

新基建

数字经济
重构经济增长新格局

袁国宝◎著

中国经济出版社

图书在版编目（CIP）数据

新基建：数字经济重构经济增长新格局 / 袁国宝著 .

—北京：中国经济出版社，2020.4（2020.7 重印）

ISBN 978-7-5136-6088-4

Ⅰ . ①新… Ⅱ . ①袁… Ⅲ . ①信息经济—经济发展—

研究—中国 Ⅳ . ① F492.3

中国版本图书馆 CIP 数据核字（2020）第 039859 号

策划编辑　李煜萍　张梦初
责任编辑　杨元丽　陈宇慧　戴　瑛
责任印制　巢新强
封面设计　卓义云天

出版发行　中国经济出版社
印 刷 者　北京柏力行彩印有限公司
经 销 者　各地新华书店
开　　本　710mm×1000mm　1/16
印　　张　14.5
字　　数　173 千字
版　　次　2020 年 4 月第 1 版
印　　次　2020 年 7 月第 5 次
定　　价　59.80 元

广告经营许可证　京西工商广字第 8179 号

中国经济出版社 网址 www.economyph.com 社址 北京市东城区安定门外大街 58 号 邮编 100011

本版图书如存在印装质量问题，请与本社销售中心联系调换（联系电话：010-57512564）

Preface | 前言

基础设施投资具有乘数效应，能够带动GDP、增加就业、促进国民经济稳定增长。新一轮工业革命与产业革命正在孕育兴起，以大数据、云计算、物联网、区块链、人工智能为代表的新一代信息技术纷纷迈向产业化应用阶段，打造一套完善的数字化基础设施成为构建现代化经济体系，促进我国产业迈向全球化价值链中高端的必然选择。

相比于传统基建，新基建究竟新在何处？在笔者看来，新基建的"新"主要体现在三大维度：

一是基础新：新基建关注的是5G、物联网、人工智能等底层信息技术的应用，能够大幅度推进数字化设备的生产和应用。

二是作用新：新基建堪称新技术与新业态的集合体，能通过对数据的搜集、计算、模拟及反馈等挖掘出一系列的新需求、新市场。

三是模式新：新基建将运用创新性金融手段引导民间资本积极参与建设与运营，转变传统基建过度依赖政府投资的投资方式。

目前，铁路、公路、机场、港口、水利设施等传统基建对经济增长的边际效应在日趋减弱。投资传统基建将显著提高钢铁、水泥、工程机械等传统行业需求，如果过度投资，很容易造成产能过剩，同时，传统基建科技含量相对较低，创造的就业岗位以低附加值的体力劳动岗位为主。

以5G基建、特高压、人工智能等新技术为核心的新基建，迎合了数

1

字化时代的产业升级需要，有助于培育经济增长新动能，比如：工业互联网为传统制造业转型提供了强有力支持；人工智能促进无人驾驶、无人工厂等新兴业态的蓬勃发展；等等。此外，新基建创造的就业岗位主要是高附加值的脑力劳动岗位，有助于推动劳动力质量提升与结构优化，缓解现阶段我国大学生就业压力。

怎么看待政府部门在推进新基建中扮演的角色呢？如果我们将新基建看作一场马拉松比赛，政府部门扮演的角色就是赛事组织者，其重点是要划定路线、组织好安防与裁判团队，为参赛的运动员们（即参与推进新基建的各类企业）创造公平、公正、健康、有序的竞争环境，而非亲自上场参与比赛，这样才能充分释放运动员们的活力与创造力，确保赛事活动顺利开展，并达到预期目标。

因此，在推进新基建过程中，政府部门除了要在资金、土地、人才等方面为新基建项目提供大力支持外，还要加快完善知识产权保护机制、补齐公共服务短板、优化营商环境、发展多层次资本市场等。

为加快推进新基建，各地方政府纷纷出台了战略规划，以5G建设为例，重庆市发布的《关于推进5G通信网建设发展的实施意见》中指出，2020年，重庆市将实现基于路灯杆、监控杆、标识杆等社会杆塔设施资源的"多杆合一"；成都市发布的《成都市促进5G产业加快发展的若干政策措施》中指出，将5G基础设施建设列入各级政府年度重点工作，细化分解到具体单位并抓好落实；等等。

那么，作为市场主体的企业，又应该如何参与到新基建之中呢？笔者认为，企业应该结合自身的发展现状与面临的竞争环境，将"数字化""智能化"逐渐渗透到生产、包装、营销、物流、管理等环节之中，这无疑是企业发力新基建的有效切入点。

　　基于以上分析，本书以新基建为研究主题，从5G基建、特高压、城际高速铁路和城际轨道交通、新能源汽车充电桩、大数据中心、人工智能、工业互联网、卫星互联网八大部分对推进新基建的战略规划、工作重点、实施策略等进行详细分析，冀望能给传统企业、互联网企业、电信运营商等提供有效参考与帮助，也能给广大读者带去启发与思考。

　　本书强调，数字化正在成为一种生产方式，而新基建是信息数字化的基础设施，也是繁荣数字经济的基石，兼具稳增长与促创新的双重功能。构建智能世界的数字底座，打造智慧化新基建，将开启中国新一轮的经济上升周期！

于北京

2020年4月

Contents |目录

第一部分　新基建

第1章　新基建：新一轮政策红利来临　/ 2

新基建·新红利·新机遇　/ 2

四"新"诠释新基建　/ 5

新基建的八大部分　/ 8

万亿新基建投资风口　/ 14

第2章　数字基建：重构中国经济增长　/ 19

新基建的本质：数字经济　/ 19

数字基建时代的来临　/ 21

经济转型与数字效能　/ 23

供给侧与需求侧协同发力　/ 26

第二部分　5G基建

第3章　5G时代：构建万物互联的世界　/ 32

万物互联：5G改变社会　/ 32

中国5G引领全球　/ 35

5G的关键技术架构　/ 38

"5G+AI"的聚变与裂变　/ 42

第4章　智能社会：5G重构商业与生活　/ 46

5G+教育：VR/AR教育模式　/ 46

5G+安防：智慧安防大变革　/ 49

5G+视频：新一轮短视频红利　/ 52

5G+智慧城市：5G时代的智慧城市新图景　/ 54

第三部分　特高压

第5章　特高压：推动智慧能源革命　/ 60

特高压：未来能源主动脉　/ 60

中国特高压十年回望　/ 63

科技创新与能源革命　/ 66

经济社会的"超级动脉"　/ 69

第6章　智慧电网：电力数字化转型　/ 73

低压用电信息采集　/ 73

智能配电自动化　/ 75

精准负荷控制　/ 77

分布式电源　/ 78

第四部分　城际高速铁路和城际轨道交通

第7章　城际高铁：迈向交通强国之路　/ 82

高铁经济：重塑城市格局　/ 82

四通八达的交通网络　/ 84

融资渠道与建设路径　/ 87

迈向交通强国新征程　/ 89

第8章　城市轨道：引领智能交通革命　/ 91

城市轨道交通类型　/ 91

地下铁路交通　/ 92

现代有轨电车　/ 94

城市轻轨交通　/ 96

城市独轨交通　/ 98

自动导轨交通　/ 99

第五部分　新能源汽车充电桩

第9章　充电桩：新能源汽车时代来临　/ 102

新能源战略与充电桩建设　/ 102

全球充电桩产业布局　/ 105

充电桩产业链全景图　/ 109

"互联网＋充电服务"　/ 111

第10章 盈利模式：千亿级市场的爆发 / 114

充电桩运营之困 / 114

三大主流商业模式 / 117

潜在的盈利模式 / 119

战略布局与行动路径 / 122

第六部分 大数据中心

第11章 数据中心：数字经济的命脉 / 128

数据中心的崛起与机遇 / 128

数据中心的"三驾马车" / 131

新一代数据中心的特征 / 133

数据中心建设的实现路径 / 137

第12章 云数据中心建设的解决方案 / 140

云数据中心VS传统IDC / 140

云数据中心的构建步骤 / 142

云数据中心的运维管理 / 145

第七部分 人工智能

第13章 人工智能：智能商业时代 / 150

智能时代，未来已来 / 150

第三次人工智能浪潮 / 153

AI的商业化路径 / 156

第14章　智能+：驱动传统产业转型　/ 159

AI+金融：金融科技的颠覆　/ 159

AI+交通：无人驾驶的未来　/ 162

AI+物流：智慧物流新变革　/ 164

AI+营销：重塑数字营销新格局　/ 167

第八部分　工业互联网

第15章　工业互联网：赋能智能制造　/ 172

重塑未来经济之路　/ 172

全球工业互联网格局　/ 175

我国工业互联网的实践　/ 178

推动工业数字化转型升级　/ 182

第16章　平台赋能：驱动企业数字化　/ 185

工业互联网平台架构　/ 185

工业互联网平台类型　/ 188

四大主流应用场景　/ 189

构建工业互联网生态圈　/ 192

第九部分　卫星互联网

第17章　卫星互联网：掀起全球太空竞赛热潮　/ 196

卫星互联网"新基建"　/ 196

卫星网络与5G网络的融合　/ 199

航天大国的太空战略竞赛　/ 201

我国低轨卫星互联网战略布局　/ 203

第18章　国外卫星互联网发展现状与趋势　/ 208

高轨宽带卫星通信系统　/ 208

中轨卫星互联网星座　/ 210

低轨卫星通信系统　/ 214

国外卫星互联网发展趋势　/ 217

第一部分
新基建

第1章
新基建：新一轮政策红利来临

新基建·新红利·新机遇

2020年3月4日，中共中央政治局常务委员会召开会议。会议强调，加快推进国家规划的重大工程与基础设施建设，尤其是5G网络、数据中心等新型基础设施建设。这些事关国家发展的工程与项目早在2019年的中央经济工作会议中就做出了安排，为保证2020年的经济稳定增长，这些项目需尽快启动。新型基础设施建设备受社会各界关注。

一、国之重器：新型基础设施建设

新型基础设施是一个与传统基础设施相对的概念。传统基础设施指的是铁路、公路、机场、港口、水利设施等项目，又称"铁公基"，在我国经济发展过程中发挥了极其重要的基础性作用。但随着社会经济不断发展，"铁公基"已无法满足经济、社会发展需求，新型基础设施建设应运而生。

新型基础设施建设（简称"新基建"）以5G、人工智能、工业互联网、物联网、卫星互联网为代表，从本质上看，新型基础设施建设指的就是信息数字化基础设施建设，可为传统产业朝网络化、数字化、智能化方向发展提供强有力的支持，涉及通信、电力、交通、数字等多个行业的多个领域，如5G 基建、特高压、城际高速铁路和城际轨道交通、新能源汽车充电桩、大数据中心、人工智能、工业互联网等，如表1-1所示。由此可见，新型基础设施建设直接关系着未来的国计民生，是名副其实的"国之重器"。

表1-1　新基建的细分领域及应用

领域		应用
新基建	5G基建	工业互联网、车联网、物联网、企业上云、人工智能、远程医疗等
	特高压	电力等能源行业
	城际高速铁路和城市轨道交通	交通行业
	新能源汽车充电桩	新能源汽车
	大数据中心	金融、安防、能源等领域及个人生活方面（包括出行、购物、运动、理财等）
	人工智能	智能家居、服务机器人、移动设备、自动驾驶
	工业互联网	企业内部的智能化生产、企业之间的网络化协同、企业与用户之间的个性化定制、企业与产品的服务化延伸
	卫星互联网	通信、军事、定位服务、跟踪天气情况

二、新基建政策的由来与发展

我国政府对新基建的关注与讨论由来已久。新型基础设施建设这一概念最早出现在2018年12月召开的中央经济工作会议上，会议强调"加快5G商用步伐，加强人工智能、工业互联网、物联网等新型基础设施建设"。此后，关于新基建的政策陆续出台，新基建引起了社会各界的广泛关注。

2020年3月4日，为保证社会经济的平稳运行，中共中央政治局常务委员会再次提出"加快5G网络、数据中心等新型基础设施建设"，充分体现了我国政府对新基建的高度重视。从2018年到2020年，我国政府围绕新基建发布了很多政策与规划，其内容如表1-2所示。

表 1-2　国家新基建政策规划与主要内容

时间	会议	主要内容
2018年12月19日	中央经济工作会议	要发挥投资关键作用，加大制造业技术改造和设备更新，加快5G商用步伐，加强人工智能、工业互联网、物联网等新型基础设施建设
2019年3月5日	政府工作报告	加大城际交通、物流、市政、灾害防治、民用和通用航空等基础设施投资力度，加强新一代信息基础设施建设
2019年7月30日	中央政治局会议	稳定制造业投资，实施城镇老旧小区改造、城市停车场、城乡冷链物流设施建设等补短板工程，加快推进信息网络等新型基础设施建设
2019年12月10日	中央经济工作会议	加强战略性、网络型基础设施建设，推进川藏铁路等重大项目建设，稳步推进通信网络建设
2020年1月3日	国务院常务会议	大力发展先进制造业，出台信息网络等新型基础设施投资支持政策，推进智能、绿色制造
2020年2月14日	中央全面深化改革委员会第十二次会议	基础设施是经济社会发展的重要支撑，要以整体优化、协同融合为导向，统筹存量和增量、传统和新型基础设施发展，打造集约高效、经济适用、智能绿色、安全可靠的现代化基础设施体系
2020年2月21日	中央政治局会议	加大试剂、药品、疫苗研发支持力度，推动生物医药、医疗设备、5G网络、工业互联网等加快发展
2020年3月4日	中央政治局会议	要加快5G网络、数据中心等新型基础设施建设进度
2020年4月20日	国家发改委	首次就"新基建"概念和内涵作出正式的解释，明确了新基建主要包括信息基础设施、融合基础设施以及创新基础设施等三大领域，将卫星互联网作为信息基础设施纳入其中

三、新基建驱动传统产业转型升级

从目前的形势看，现在是推动新型基础设施建设的良机，无论科技水平还是商业模式都为新型基础设施建设提供了良好的条件。同时，新基建的发展也将反作用于科技、商业，促进科技进步，推动商业模式革新，促使民众消费习惯发生巨大转变，使"基建"与"产业"形成良性互动。

（1）基建补短板所产生的作用与传统基建相似，都可以直接拉动轨道交通、医疗养老、公共设施等行业发展，并对工程机械、水泥建材等行业发展产生间接促进作用。对于交通运输、农村基础设施和公共服务设施建设来说，新基建也具有补短板的功能，不仅可以带动轨道交通、医疗养老、旧改、文体等行业发展，还能通过产业链传导，给建筑业、工程机械、水泥建材等上游行业带来发展机会。

（2）从狭义范围来看，新基建指的就是5G、大数据、人工智能、工业互联网等项目建设，其关键在于可以推动传统产业朝数字化、网络化、智能化方向转型升级。基于这一特点，新基建不仅可以对相关行业发展产生直接促进作用，还能带动上下游产业发展，使电子信息设备制造业、信息传输服务业、软件信息技术服务业等行业受益。另外，随着工业互联网建设不断推进，工业企业内部也将实现网络化、信息化改造，工业企业的生产效率也将实现大幅提升。

四　"新"诠释新基建

据21数据新闻实验室数据，截至2020年3月5日，24个省（区、市）公布了未来的投资计划，2.2万个项目总投资额达48.6万亿元，其中2020年度计划投资总规模近8万亿元。

当前，我国生产与需求明显减弱，2020年第一季度经济增长速度下滑严重，甚至有可能出现负增长，其中餐饮、交通、旅游、住宿等行业受到的影响最为严重。2020年2月，官方制造业、非制造业及PMI指数①均创历史新低，非制造业PMI跌破30%，严重程度远超2008年金融危机。

---

① PMI指数（Purchasing Managers' Index），中文译作"采购经理指数"，是指通过对采购经理的月度调查汇总出来的指数，能够反映经济的变化趋势。

制造业投资、房地产投资、基建投资构成了固定资产投资的三大主体。当前，我国制造业投资需求减弱，投资额可能出现负增长。房地产行业开工、销售均延期，投资额显著下降。在严禁炒房、严防房地产泡沫的政策环境下，很难通过全面放开房地产政策拉动投资需求。于是，基建投资变成拉动投资的关键。

与过去的基建投资不同，新基建投资的重点在于补短板、稳增长、稳就业、全面释放经济增长潜力，打造长期竞争力。具体来看，新基建的"新"主要表现在以下四个方面，如图1-1所示。

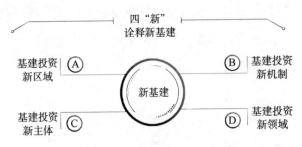

图1-1　新基建的四大体现

一、基建投资新区域

从投资空间看，我国基础设施建设的增长空间极大。2019年底，我国城镇化率突破60%，成绩虽然显著，但距离发达国家的80%还有一些差距，说明我国城镇化建设还有很大的空间，未来仍需提速。

从人口流动看，未来，城市群、都市圈将会聚更多人口，这些区域将成为基建投资的重点。据预测，城镇化将加速长三角、粤港澳、京津冀、长江中游、成渝、关中平原、中原城市群等7个主要城市群发展，导致这些地区的基础设施出现重大缺口。除此之外，随着乡村振兴战略不断推进，农村地区也将释放出巨大的基建需求。

二、基建投资新机制

过去，我国基础设施建设的融资渠道比较单一，主要是地方政府举债，存在隐性的债务风险。未来，基础设施建设投资需要建立新机制，一边拓展融资渠道，一边加大中央财政支持力度。

在拓展融资渠道方面，为了构建多元化的融资渠道，政府需要与行业携手规范、完善PPP（Public-Private-Partnership，即政府和社会资本合作）融资模式，增加PPP项目的数量，提高PPP项目供给质量和效率。同时，政府与行业还需探索其他融资模式，吸引更多资本进入，创建全新的基建投资机制，真正形成多元化的融资模式。

在中央财政支持方面，目前，我国政府整体负债水平不高，中央政府杠杆率较低，为缓解地方财政压力，可以适度提升中央政府的杠杆率，扩大基建投资规模。

三、基建投资新主体

过去，在我国的基建投资中，政府是投资主体，占据着主导地位。未来，我国基建领域将吸引更多社会资本进入，投资主体将变得多元化。为了做到这一点，政府需要推进市场化改革，降低基建投资的市场准入门槛，减少对民营资本的限制。对于那些收益可观的项目，要鼓励其面向市场，欢迎民间资本进入，平等地看待所有投资主体。政府要全面实施市场准入负面清单制度，列入清单以外的行业、领域，允许各类市场主体依法进入，并保证各市场主体享有同等权利与责任。

四、基建投资新领域

新基建以强战略性、网络型基础设施建设为重点，将有助于消费升级、产业升级的领域视为投资热点，以期借此为结构转型与产业升级提供基础性支持，促进新业态、新产业、新服务不断发展。具体来看，新基建的投资领域包括信息通信、5G等基础网络建设，生态绿化、水和大气污染治理等环保基础设施建设，教育、医疗、文体等民生保障项目，市政管网、城市停车场、冷链物流等市政工程建设，农村公路、水利、文卫等农业农村设施建设，等等。

新基建的八大部分

一、5G基建

作为移动通信领域变革的焦点以及"经济发展新动能"，5G已成为新型基础设施建设的重点领域。无论从未来可承接的产业规模来看，还是从对新兴产业的技术支持来看，5G都非常值得期待。

目前，我国几大战略性新兴产业的发展都要立足于5G，如工业互联网、车联网、企业上云、人工智能、远程医疗等。再加上5G辐射的领域本身就极广，包括网络规划、无线主设备及传输设备、终端设备、运营商，甚至延伸到了消费领域。由此可见，投建5G基础设施建设的意义重大。5G基建相关产业链如表1-3所示。

表1-3　5G基建相关产业链

产业链		细分产业链
5G基建	网络规划	
	无线主设备及传输设备	小基站、天线、铁塔
		基站射频、滤波器
		SDN/NFV
		光纤光缆

产业链	细分产业链
无线主设备及传输设备	光模块
	光通信设备
终端设备	终端天线、滤波器
	终端射频材料
运营商	

（左侧跨行单元格：5G基建）

二、特高压

特高压指的是 ±800千伏及以上的直流电和1000千伏及以上的交流电，特高压电网建设可有效提升电网传输能力。我国特高压电网建设始于1986年，是全球唯一一个将特高压输电项目投入商业运营的国家。虽然截至目前，我国特高压电网建设已有30多年，但发展空间依然很大。根据《国家电网2020年重点电网项目前期工作计划》，2020年有望核准7条特高压线路、开工8条特高压线路，全年特高压建设项目明确投资规模1128亿元。并且，国家电网已面向社会招标，鼓励社会资本进入，以拓展融资渠道，保证特高压建设的持续性、稳定性。特高压相关产业链如表1-4所示。

表1-4　特高压相关产业链

产业链	细分产业链
直流特高压	换流阀、控制保护、换流变压器、互感器、直流断路器、高压电抗器、电容器、高压组合、断路器、避雷器
交流特高压	GIS、特高压变压器、特高压抗压器、550kV组合电器、互感器、断路器和隔离开关、电容器、避雷器、变电站监控

（左侧跨行单元格：特高压）

三、城际高速铁路和城际轨道交通

近几年，我国高铁快速发展，运营里程不断增加，不仅构成了我国交通的大动脉，而且成为我国的一张"新名片"。与此同时，轨道交通也在城市化过程中扮演了非常重要的角色。目前，无论高铁还是轨道交通，都有诸多项目正在等待落地。尤其是轨道交通，即便北京、上海、广州等轨道交通比较发达的城市，对于轨道交通也提出了较高的需求。

从产业方向来看，高铁与轨道交通都有极长的产业链条，涵盖了原材料、机械、电气设备、公用事业和运输服务等多个领域，在推动社会发展，构建智能化、数字化交通方面发挥了极其重要的作用。城际高速铁路和城际轨道交通相关产业链如表1-5所示。

表1-5　城际高速铁路和城际轨道交通相关产业链

	产业链	细分产业链
城际高速铁路和城际轨道交通	上游 — 原材料	铁轨、铁路配件、轨道工程
	上游 — 基础建筑	·工程机械（挖掘机、泵车等） ·基础建筑、土木工程 ·桥、路、隧道、高架、项目承接
	中游 — 机械设备	机车车体、零部件、辅助设备
	中游 — 电气设备	牵引供电工程、通信、变电站、变压站
	下游 — 公用事业	城轨运营
	下游 — 运输服务	物流、客货运输
	下游 — 其他	航空、公路、港口

四、新能源汽车充电桩

新能源汽车产业的发展离不开充电桩。据统计，截至2019年10月，我国充电桩（公共充电桩＋私人充电桩）数量达到114.4万个，同比增长66.7%。看似数量极多、增长速度极快，但我国新能源汽车与充电桩的比例与理论水平还有很大差距，这说明我国充电桩还有很大的缺口。

根据《电动汽车充电基础设施发展指南（2015—2020年）》的要求，到2020年，我国要新增1.2万座集中式充换电站，480万台分散式充电桩，以满足数量不断递增的新能源汽车的充电需求，整个充电桩产业存在广阔的发展空间。新能源汽车充电桩相关产业链如表1–6所示。

表1–6　新能源汽车充电桩相关产业链

	产业链		细分产业链
新能源汽车充电桩	上游	设备生产商	壳体、底座、插头插座、线缆、充电模块或充电机、其他
	中游	充电运营商	充电桩、充电站、充电平台
	下游	整体解决方案商	新能源汽车整车企业

五、大数据中心

在信息时代，大数据中心建设至关重要。未来，新兴产业发展需要依托各种数据资源，而数据资源的收集、存储、处理、应用等都离不开大数据中心的支持。大数据中心建设不仅有助于行业转型，而且可以带动企业上"云"。

目前，建设大数据中心已经成为大势所趋。据市场研究机构Synergy Research发布的调查数据，全球顶级云计算服务提供商要想保持竞争优势，在市场竞争中始终占据有利地位，每家公司每个季度至少要在基础设施建设领域投入10亿美元的资金。而全球数据总量每隔18个月就会翻倍，数据增长速度远远高于大数据中心的建设速度。

除此之外，5G、产业互联网、人工智能等新兴产业的快速发展也对大数据中心建设提出了较高的要求。大数据中心产业链如表1–7所示。

表1–7　大数据中心产业链

	产业链	细分产业链
大数据中心	基础设施	IT设备、电源设备、制冷设备、油机、动环监控
	IDC专业服务	IDC集成服务、IDC运维服务
	云服务商	运营商、云计算厂商、第三方服务商
	应用厂商	互联网行业、金融行业、传统行业（如能源等）、软件行业

六、从某种程度上说，未来就是人工智能的时代

从宏观层面来讲，作为一项战略性技术，人工智能对科技革命、产业变革、社会变革发挥着极其重要的引领作用，对社会、经济、政治格局产生着深远影响。目前，我国政府对人工智能给予了高度重视，针对人工智能的发展出台了一系列政策。

从产业发展来看，过去几次科技革命与产业革命积累了巨大的能量，作为新一轮产业革命的核心驱动力，在人工智能的作用下，这些力量将得以全面释放。同时，在探索人工智能应用场景的过程中，包括生产、分配、交换、消费在内的经济活动的各个环节都将得以重构，从而催生出一系列新产品、新技术、新产业。

根据国家规划，到2020年，我国人工智能技术与应用要达到世界先进水平，人工智能产业要成为新的经济增长点。为实现这一目标，人工智能必将成为新基建的重要领域。人工智能相关产业链如表1-8所示。

表1-8 人工智能相关产业链

	产业链		细分产业链
人工智能	底层硬件	AI芯片	云端训练、云端推理、设备端推理
		视觉传感器	激光雷达、毫米波雷达、监控摄像头、自动驾驶摄像头、3D体感
	通用AI技术及平台	计算机视觉	人脸识别、语音识别、视觉识别
		云平台/OS/大数据服务	大数据服务、云计算服务、OS、物联网平台

七、工业互联网

我国要想完成从"制造大国"向"制造强国"的转变，要想完成智能制造的转型升级，必须做好工业互联网建设。我国早在2012年就提出了"工业互联网"；2017年底，国家围绕工业互联网建设出台了顶层规划；

2019年，"工业互联网"被正式写入政府工作报告，标志着我国工业互联网建设正式进入实质性落地阶段。

2020年2月25日，在工信部公布的2019年工业互联网试点示范项目中，网络、平台、安全三个层面共有81个项目。从整体来看，对于我国的工业互联网来说，5G、平台、安全是三个非常重要的建设方向。工业互联网相关产业链如表1-9所示。

表1-9　工业互联网相关产业链

	产业链	细分产业链
工业互联网	上游　智能硬件	边缘层（即工业大数据采集过程）、IaaS层（主要解决的是数据存储和云计算，涉及的设备有服务器、存储器等）、PaaS层（提供各种开发和分发应用的解决方案，如虚拟服务器和操作系统）、SaaS层（主要是各种场景应用型方案，如工业App等）
	中游　工业互联网平台	
	下游　应用场景的工业企业	高耗能设备（如炼铁高炉、工业锅炉等设备）、通用动力设备（如柴油发动机、大中型电机、大型空压机等设备）、新能源设备（如风电、光伏等设备）、高价值设备（如工程机械、数控机床、燃气轮机等设备）、仪器仪表等专用设备（如智能水表和智能燃气表等）

八、卫星互联网

卫星互联网现已被各个国家视为战略发展的重要组成部分，其在国防领域具有举足轻重的地位，由于它的空间频轨资源十分稀缺，同时又具有巨大的市场经济价值，所以成为各国关注的焦点，各国企业为了抢占发展先机，争相发布卫星通信网络建设计划。

国际对卫星轨道和频率资源的分配遵循"先申报先使用"原则，各国通过发展卫星互联网开始积极抢占空天资源。卫星轨道和频率资源有限，而卫星互联网计划中对卫星星座的部署动辄需要上千颗的卫星，各国卫星通信企业之间的竞争十分激烈，为了缓和资源和资金缺口，各国企业开始展开多元合作和持续融资。

卫星互联网在产业层面的发展稳步推进。许多商业卫星公司，比如 OneWeb、SpaceX 等为了实现卫星互联网的商业化，不断吸纳社会资本，并对卫星的频谱和轨道资源进行优化布局。还有不少大型互联网企业，如谷歌、Facebook 等通过投资与合作加入到卫星互联网的发展浪潮中。

万亿新基建投资风口

随着新冠肺炎疫情逐渐得到控制，全国新一轮投资热潮逐渐开启。在政府政策的引导下，北京、河北、山西、上海、黑龙江、江苏、福建、山东、河南、云南、四川、重庆、宁夏等13省（区、市）预计投入34万亿元用于新型基础设施建设。在未来一年乃至几年间，新基建必将成为一个新的投资风口，投资热点具体如下。

一、5G基建

据中国信息通信研究院（简称"信通院"）预计，未来几年，5G网络建设投资规模将迅速增长，2025年将达到1.2万亿元，仅网络化改造这一领域的投资规模就将达到5000亿元。另外，5G网络建设还将给上下游产业带来投资热潮，例如在线教育、在线办公、在线诊疗、政务信息化等，投资规模预计达3.5万亿元。

二、特高压

在经济高速发展阶段，电网公司要承担更多社会责任，开展逆周期调节，加大投资力度。经过几年时间的调整与发展，发电、用电资产的利用率有所回升，并且国内几家大型电网公司的负债都比较低。目前，国家电网公司的负债率大约为56%，带息负债率大约为20%，投资支撑能力较强。

近几年，随着特/超高压等重大工程的投招标不断增多，特高压、配网的建设速度逐渐加快。目前，我国在建与待核准的特高压工程包括16条线路，其中有7条已经确定了投资规模，总投资额1128亿元，平均每条线路投资161亿元。按照这一标准，目前7条待核准线路与2条2019年开工的线路预计投资1449亿元，再加上目前在建项目，总投资约2577亿元。据此推算，2020年初，特/超高压工程的增量贡献至少为1500亿元。

三、高铁轨交

2019年9月18日，为加快铁路专用线建设，国家发改委、国家铁路局等五部门联合印发《关于加快推进铁路专用线建设的指导意见》，明确提出要进一步开放专用线建设及运维市场，鼓励社会资本参与，以不断拓宽融资渠道。

2019年9月19日，中共中央、国务院印发《交通强国建设纲要》，明确提出到2020年完成全面建成小康社会的交通建设任务，完成"十三五"规划中关于发展现代综合交通运输体系的各项任务，为交通强国战略的实施奠定坚实的基础。

在新冠肺炎疫情导致经济下行压力加大的背景下，加大高铁、轨道交通建设成为恢复经济发展，保持经济稳定增长的一个重要手段。据预测，2020年，我国拟通车线路有14条，其中7条为250专线，7条为350专线，通车里程3696公里，投资规模6207亿元。

四、新能源汽车充电桩

《2019—2020年度中国充电基础设施发展年度报告》显示，2020年，我国将新增15万台公共充电桩，其中6万台直流充电桩，9万台交流充电桩。此外，还将新增30万台私人充电桩，8000座公共充电场站。

据预算，2020年，我国充电桩市场规模预计达到140亿～177亿元；2025年，我国充电桩市场规模预计达到770亿～1290亿元。2020—2025年累计规模复合年均增长率将达到40%～48.8%，新增规模复合年均增长率将达到25%～50.3%。据此计算，2020—2025年，我国新能源汽车充电桩新增投资规模将达到700亿～1100亿元。

五、大数据中心

随着5G、云计算等技术的应用范围不断拓展，IDC[①]市场将保持快速增长之势。2018年，随着公有云建设规模迅速扩大，全球IDC市场规模达到了6253.1亿元，同比增长23.6%。在全球范围内，北美地区的IDC市场增速稳定，基础电信运营商全面退出，主市场汇聚了越来越多的云服务商需求。

IDC市场的发展需要经过几个阶段，目前，我国IDC市场处在粗犷式发展阶段，增长速度极快，远高于世界平均水平，而且发展空间非常大。据统计，2018年，在互联网行业需求的带动下，我国IDC业务规模达到1228亿元，同比增长29.8%。预计到2024年，我国IDC业务规模将达到2558亿元。

六、人工智能

科技部于2019年9月印发《国家新一代人工智能创新发展试验区建设工作指引》，明确提出要进一步加快人工智能基础设施建设，到2023年建成20个试验区。为了在疫情过后尽快恢复经济发展，我国将继续加大对人工智能产业的投入。

---

① IDC：互联网数据中心，为互联网内容提供商、企业、媒体和各类网站提供大规模、高质量、安全可靠的专业化服务器托管、空间租用、网络批发带宽以及ASP、EC等业务。

如果对人工智能产业进行细分，可将其分为底层硬件和通用AI技术及平台，其中底层硬件主要包括AI芯片和视觉传感器，通用AI技术及平台主要包括计算机视觉和云平台、OS、大数据服务等。

IDC发布的数据显示，2017年，全球AI芯片市场规模为40亿美元。到2022年，AI芯片市场规模将达到352亿美元，复合年均增长率超过55%。未来几年，随着技术不断升级，人工智能实现普及应用，中国AI芯片市场规模将不断壮大，增长速度将达到40%～50%。也就是说，到2024年，中国AI芯片市场规模将达到785亿元；2025年，中国AI芯片市场规模将达到1000亿元。

七、工业互联网

工信部针对工业互联网制定了"三步走"战略，按照战略要求，到2025年，我国要基本建成覆盖各地区、各行业的工业互联网网络基础设施，建立趋近完善的标识解析体系并实现规模化推广，建成一批可以在世界舞台上与欧美等发达国家相抗衡的工业互联网平台；到2035年，我国工业互联网建设水平要达到全球领先；到21世纪中叶，我国工业互联网水平要进入世界前列。

工信部发布的数据显示，2017年，我国工业互联网市场规模为4677亿元，如果按照年均复合增长率13.3%计算，到2023年，我国工业互联网市场规模将突破万亿元。在政策的加持下，我国工业互联网市场规模有可能进一步扩大，发展空间超乎想象。

八、卫星互联网

2020年4月20日，国资委和国家发展改革委同时召开经济运行例行发布会。国家发改委创新和高技术发展司司长伍浩表示，新基建中的"信息基础设施"主要是指基于新一代信息技术演化生成的基础设施，比如，以

5G、物联网、工业互联网、卫星互联网为代表的通信网络基础设施，以数据中心、智能计算中心为代表的算力基础设施，等等。相对之前的相关表述，卫星互联网首次被纳入"新型基础设施"。

卫星互联网具有可在广阔的海上、空中、跨境或偏远地区工作的特点，它以卫星星座替代地面通信基站，实现全球范围内全天候万物互联。建立新一代天基物联网系统是适应"互联网+"时代万物互联的需求，是维护国家安全的需要，是万亿级规模的新产业。根据麦肯锡预测，预计2025年前，卫星互联网产值可达5600亿~8500亿美元。我国国内公司卫星星座规划如表1-10所示。

表1-10　我国国内公司卫星星座规划

序号	星座名称	公司	计划发射卫星数量
1	"银河系"AI星座计划	银河航天	650
2	"鸿雁"星座	航天科技集团	300
3	激光通信星座	深圳航星光网空间技术有限公司	288
4	吉林一号星座	长光卫星技术有限公司	198
5	AI卫星星座	国星宇航	192
6	"虹云"工程	航天科工集团	156
7	灵鹊星座	零重空间、华讯方舟	132
8	"行云"工程	航天科工集团	80
9	天基物联网星座	中科天塔、九天微星	72
10	"翔云"星座	欧科微	40

第2章
数字基建：重构中国经济增长

新基建的本质：数字经济

2020年的中央经济工作会议将新型基础设施建设列为重点。相较于传统基础设施建设来说，新型基础设施建设涵盖的范围更广，包括5G、人工智能、工业互联网、物联网等，极具数字化特征，对我国调整产业结构，实现转型发展起到了强有力的推动作用。2020年，在国家宏观经济政策的支持下，新型基础设施建设必将对我国经济发展产生强有力的推动作用。

一、新基建的本质：以数字化基础设施为核心

从本质上看，以5G、人工智能、工业互联网、物联网为代表的新型基础设施就是数字化的基础设施，是数字强国战略实现的重要基础。

随着物联网快速发展，"万物互联"时代逐渐临近，联网终端越来越多，生成的数据规模越来越大。在此形势下，以云计算、大数据、人工智能、物联网、区块链等新一代信息技术为支撑的数字经济进入"快车道"，发展速度越来越快。但数字经济要想稳步发展，实现建设数字强国战略目标，还需配备一套完善的数字化基础设施。由此，新型基础设施建设应以数字化基础设施建设为核心。

二、新基建的价值：推动传统产业实现数字化转型

为优化资源配置，提升经济增长的数量与质量，我国开始推行供给侧结构性改革。在此形势下，传统产业改变原有的发展模式，朝数字化、智能化方向发展的愿望越发迫切。对于处在转型期的传统产业来说，5G、物联网、人工智能等以数字化为核心的新基建为其提供了强有力的支撑。

例如，工业互联网的建设可以助推传统制造业向数字制造、智能制造转型；车联网、能源互联网、智能交通基础设施建设可以助推新能源汽车与智能网联汽车发展；城市物联网建设可以助推水、电、气等城市公共基础设施朝数字化、智能化方向转型；农业物联网则可以为智慧农业的发展提供强有力的支持；等等。

三、新基建的重点：传统基础设施的数字化改造

根据国家发改委的要求，未来几年，我国基础设施建设要坚持"三驾马车"齐头并进的原则，一要加强新型基础设施建设，二要做好城乡和农村基础设施建设，三要做好能源、交通、水利等重大基础设施建设。现阶段，我国传统基础设施建设已趋于成熟，为充分发挥投资效能，要正确处理新型基础设施建设与传统基础设施建设之间的关系，做好两者之间的融合与改造。

例如，5G建设可以使用4G网络的基础设施，如铁塔、光缆、电源等；使用5G技术对现有的高速公路网络进行改造，使其成为"超级高速公路"；利用数字化技术对现有的能源骨干网络进行改造，推动能源系统实现智能化升级；利用数字化技术对城市的公共基础设施进行改造，使其在保留自身功能的基础上实现资源共享，以数字化平台为依托使各种资源与功能实现有机融合。

数字基建时代的来临

中国新一轮基础设施建设带有浓重的"科技味儿"，以智能化、信息化、数字化为特色，突破了以铁路、公路为代表的传统基建模式，不仅迎合了目前经济发展趋势，而且具有重大历史转折意义。

"数字基建"以科技为核心驱动力，以5G技术为基础。只有以5G技术为依托，物联网、人工智能、万物互联、工业互联网、信息化才有实现的可能。目前，在世界范围内，以华为为代表的中国科技企业在5G领域占据领先地位，5G已成为我国优势新兴产业。所以，从科技层面看，我国具备全面推进5G商用的基础与实力。目前，我国正在大力推进"数字基建"，这主要是由以下几个因素决定的。

• 从外部环境来看，我国在芯片、集成电路、航空发动机等领域要想赶超欧美等发达国家，达到国际先进水平还需要很多年，以"市场换技术"的方式逐渐失效。为突破少数发达国家给我国设置的重重关卡和阻碍，我国科技行业必须朝自主可控和国产替代的方向发展，逐渐摆脱"世界工厂"的标签，在关键技术、核心技术领域抢占制高点。未来，大国之间的竞争势必会演化为科技竞争，为维护我国的大国地位，发展高科技产业势在必行，而且刻不容缓。

• 从内部环境来看，在供给侧结构性改革背景下，我国传统产业亟须转型升级，现有的经济结构亟须优化调整。为做到这一点，最好的方式就是加大科技在中国经济增长中的贡献，助推现有的科技企业快速发展，以星星之火燃起燎原之势，带领一批批科技企业在世界舞台上崭露头角，在其所在的细分领域迎头赶上，以迎合新一轮世界经济竞争科技化、信息化、智能化的要求。

• 从世界历史发展看，几乎每一次重大疫情过后都会出现新的经济形态。此次新冠肺炎疫情倒逼我国经济加速转型，摆脱对传统经济发展路径与模式的依赖，在线办公、在线教育、信息化医疗、城市智能化管理等产业快速崛起。疫情结束后，政府将在公共卫生、城市管理等领域投入大量资源，提升其信息化、智能化水平。在此形势下，相关行业及企业将获得前所未有的发展机遇，A股市场也将迎来众多新的投资机会。

• 从我国经济结构看，过去我国刺激经济发展常用的方法就是加快铁路、公路、机场建设，刺激房地产市场。但在目前的市场环境下，这种方法不仅会导致传统的固定资产投资模式越陷越深，而且还会对我国经济结构转型升级造成极大的制约，导致相关行业与企业错失发展机遇。同时，宽松的货币政策释放巨大流动性，大量资金流入房地产市场及各种虚拟市场，资金空转愈演愈烈，社会资源被严重浪费。发展"数字基建"，推动5G、汽车智能化、新能源汽车、物联网、人工智能、工业互联网等行业快速发展，不仅可以让资金流入实体经济，还能让金融资本反哺产业经济。

在信息化、智能化时代，"数字基建"是真正的新型产业生态，只有做好"数字基建"，才能为"数字中国"建设奠定良好的基础，才能为经济转型发展提供强劲的支持与动力。传统基建采取的大多是重资产模式，"数字基建"采取的大多是轻资产模式，科技含量高、附加值高。

而且，"数字基建"与人民生活和幸福息息相关。例如，随着智慧城市的设想得以实现，城市管理的智能化水平越来越高，城市居民可以享受更便捷的服务，节约很多不必要的开支。随着科技与生活的关系越发紧密，科技发展将带动大规模消费。例如，随着智能手机相关技术不断发展，国产高科技手机的消费规模持续扩大。总而言之，"数字基建"与消费相互融合、相互促进，恰好迎合了国家提出的"消费回补"的政策导向。

科技是"数字基建"的核心。目前，在 A 股市场，科技股迎来一波"小牛市"行情，为中小型科技企业融资提供了极大的便利，在很大程度上缓解了"融资难、融资贵"等难题，促进资本市场直接融资与股权融资的发展。随着一系列利好政策出台，再融资新规落地，中小企业融资难题有望得到有效解决，资本市场的结构性矛盾也有望得以改善，那些真正具备核心技术优势的企业将强势崛起，实现更好的发展。

经济转型与数字效能

目前，5G、大数据、云计算、互联网、人工智能等数字技术不断融合、持续渗透，数字资源已成为数字经济时代最重要的生产要素，其分量不亚于工业时代的石油。在工业经济时代，生产要素主要在"路"上流动，例如铁路、公路、水路、航路等；而在数字经济时代，生产要素将在"网"上流动，例如互联网、物联网。

"数字基建"以5G、大数据、云计算、互联网、人工智能等科技型设施建设为重点，以新一轮科技革命和产业变革为导向，以数字化、智能化为支撑，对能源、交通、市政等传统基础设施进行改造，成为数字时代新的结构性力量，为我国经济转型升级奠定了非常重要的技术基础，具体体现在以下三个方面，如图2-1所示。

01 推动我国数字经济发展的新基础

02 我国供给侧结构性改革新动能

03 有助于改善我国投资结构

图 2-1　新基建驱动我国经济转型升级

一、推动我国数字经济发展的新基础

数字经济时代与过去的任何一个时代一样，都要有相应的基础设施作为基础与保障。例如，第一次工业革命开启的蒸汽机时代以铁路和运河建设为基础；第二次工业革命开启的电力时代以高速公路、电网建设为基础；第三次工业革命开启的信息时代以互联网和信息高速公路建设为基础。对于正在进行的第四次工业革命来说，以新一代信息技术和数字化为核心的新型基础设施是重要基础，也是目前世界各国都在投资布局的战略高地。

在过去的三次工业革命中，我国是被影响者、追随者乃至追赶者。目前正在开展的第四次工业革命是我国第一次以原发性国家的身份，与欧美等发达国家站在同一起跑线上。为了抢占战略高地，推动我国数字经济快速发展，获取领先优势，必须迎合当下的国际贸易规则，发挥我国的制度优势，大力推进新型基础设施建设。

二、我国供给侧结构性改革新动能

传统基础设施建设需要投入土地、资源等基础要素，新型基础设施建设需要投入新一代信息技术、高端装备、人才和知识等高级要素，为我国战略性新兴产业、现代服务业的发展提供支持，为以创新为驱动力的经济转型提供动力。

在投资运营模式方面，新型基础设施建设与传统基础设施建设存在很大的区别，新型基础设施建设覆盖的范围更广，不同领域的基础设施实现了高度融合，参与投资、建设的主体更多，支撑的业态更丰富，对投资模式与运营模式创新提出了更高的要求。

例如，5G建设不仅需要无线技术与网络技术提供支持，还需要智能交通、智慧城市、智能家居、智能制造和智慧能源提供支撑。在以5G为代表的新型基础设施建设过程中，传统投资主体、运营主体、建设主体的边界被打破，投资模式、运营模式被颠覆、被创新，创新型企业、民营企业的进入门槛大幅下降，与之相对的产业生态更加丰富。新型基础设施管理涉及多个部门，如市政、交通、安全、环境、信息化等，管理创新主要体现在以数字化平台为基础的集成管理，将在很大程度上颠覆政府公共基础设施现有的管理模式。

三、有助于改善我国投资结构

目前，我国已进入工业化后期，传统基础设施建设已走过高峰期，边际效益递减。从短期看，虽然以铁路、公路、机场为代表的传统基础设施建设仍可以拉动内需，但已无法对经济结构优化产生很大的作用，还有可能招致债务风险或金融风险。

现阶段，发展数字经济已成为世界各国的共识。新型基础设施建设不仅可以带动数字经济发展，还能拉动边际效益实现新一轮增长，对优化经济结构、拉动投资都能产生显著效应。从这个层面看，新型基础设施建设就像一个新引擎，可以产生一系列的拉动作用，拉动人工智能、工业互联网、物联网发展，促使制造业实现技术改造与设备升级，带动新型服务业快速发展，拉动以新材料、新器件、新工艺和新技术为代表的强基工程和以自动控制和感知硬件、工业软件、产业互联网、云平台为代表的新四基发展。

供给侧与需求侧协同发力

凯恩斯主义认为投资、消费、出口是拉动经济发展的"三驾马车"，与消费、出口不同，基建投资兼具供给侧与需求侧的双重含义，不仅可以拉动当下的需求，还可以衍生出无限的生产可能性，使未来的供给能力得以大幅提升。作为基础设施，基建投资还有一个重要功能，就是为社会经济各部门赋能，提高其运行能力。

一、国家经济发展新旧动能的转换

对于我国经济发展来说，新基建将产生深远影响。从短期来看，新基建投资将直接带动经济增长，在疫情结束后快速恢复经济，稳定就业，释放潜在的经济活力。从长远来看，新基建投资将对我国经济结构调整与新旧动能转化产生强有力的推动作用。

未来，互联网、新能源将成为全球经济发展的重心。对于一个国家来说，掌握数字经济优势是其在激烈的全球竞争中制胜的关键。现阶段，我国加快在新基建领域的布局，不仅可以改善我国的经济发展结构，还能孕育出经济发展新动能。

从更长远的角度看，纵观全球，经济发展历经五次技术创新，每一次都给行业带来新的发展机遇。在这个过程中，全球十大顶尖企业从能源企业转变为制造企业，再到如今的科技企业，下一次技术创新周期的出现必将带来新一波企业更迭。创新周期的出现离不开技术基础的积累，如果我国在此阶段加大在新基建领域的投资，可以有效促进技术发展，孕育出更多创新成果，为我国经济发展带来更长远的边际效应。

二、工业互联网在新基建中的重要意义

新基建涉及的领域极广，面向不同的需求端有不同的应用，例如面向居民消费端有充电桩与城际高铁，面向中间层有大数据中心、5G、人工智能等，面向制造业有特高压和工业互联网。在整个新基建领域，工业互联网占据着非常重要的位置，是其他新基建项目落地的重要基础。

工业互联网面向的是整个生产过程中的人、基、物，其建设不仅有助于实施供给侧改革，而且有利于提升制造业的生产效率。只有做好工业互联网建设，制造业上下游的数据才能相互融合，不同行业之间才能开展及时、准确的沟通，与之相对的大数据中心、人工智能才能发挥出应有的作用。

在应用拓展方面，"互联网+"可以帮助企业迅速降低边际成本。制造业立足于工业互联网平台进行研发设计、生产规划、需求对接、资源配置、产业整合等一系列工作，可使产业链交易成本大幅下降。

工业互联网建设必须循序渐进，有计划、有步骤地开展。初期要先制定一个统一的平台标准与技术体系，工信部发布文件对此做出了指引，如《工业互联网网络建设及推广指南》等。之后，工业互联网要打通工厂节点，推动全要素链、价值链与产业链深度融合，建立一套开源共享、互联互通的规范，将相应的硬件标准、网络架构、数据接口纳入其中。

在架构方面，工业互联网要建设国家级网络节点提供的顶级域名解析

服务，形成推广标杆。此外，在工业互联网建设过程中，数据安全也是一个非常重要的问题，包括数据存储、处理、备份与加密，另外还需做好基础库安全维护，推动互联平台稳定运行。

三、推进新基建需加强政策保障

新型基础设施建设需要国家战略、国家规划与国家政策提供强有力的保障，具体措施主要包括以下几个方面，如图2-2所示。

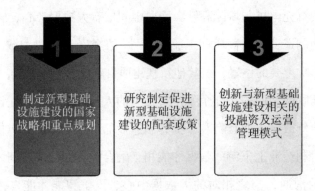

图 2-2　推进新基建的政策保障措施

（1）制定新型基础设施建设的国家战略和重点规划。

为做好新型基础设施建设，国家发改委应联合交通、能源、住建、工信等部门制定新型基础设施建设总规划，为新型基础设施建设指明方向，将新型基础设施建设列入"十四五"规划，并研究制定相关的配套政策，平衡部门与产业之间的关系，做好顶层设计，引导企业在新型基础设施建设的相关领域布局，带动区域经济发展，推动产业转型升级，为发展数字化经济奠定扎实的基础。

（2）研究制定促进新型基础设施建设的配套政策。

相关机构要组建团队，对新型基础设施投资、建设、运营进行系统研究，为国家战略、国家规划的制定提供支持，为相关项目的立项评估提供参考。同时要研究制定促进新型基础设施建设的政策体系，包括财务、金融、税收等，并研究建立相关的考评体系。

（3）创新与新型基础设施建设相关的投融资及运营管理模式。

明确政府、企业在新型基础设施建设、投资与运营方面的关系，对新型基础设施建设的投融资模式、管理运营模式进行创新。在保障基础设施运营安全与公共利益的基础上，探索建立政府与企业职责清晰、紧密合作的集成管理模式，在投资、建设、运营方面加强国际合作，降低民营企业、中小企业的参与门槛，为它们参与新型基础设施建设拓展更大空间。

第二部分
5G基建

第3章

5G时代：构建万物互联的世界

万物互联：5G改变社会

"4G改变生活，5G改变社会。"进入5G时代，万物互联将成为现实，人们原有的生活方式将被彻底颠覆，一个全移动的、充满想象的智慧世界将逐渐开启。

5G的G全称为Generation，译为"代"。5G指的就是"第五代"，即第五代移动通信系统或第五代移动通信技术，是4G技术的延伸与升级。从最初的1G到目前正在落地的5G，在这几十年间，移动通信技术不断更迭，为社会发展做出了巨大贡献。5G的全面应用将使生产、生活发生巨大变革。有人对这几代移动通信技术做了如下总结：2G开启了文本时代，3G开启了图片时代，4G开启了视频时代，5G即将开启一个万物互联时代。目前，世界各国都在有序发放5G牌照，积极推动5G网络建设，5G时代的到来指日可待。

作为移动通信技术的升级，相较于过去四代移动通信技术来说，5G的核心优势具体表现在五个方面，分别是超高速、低时延、海量连接、泛在网、低功耗，如图3-1所示。

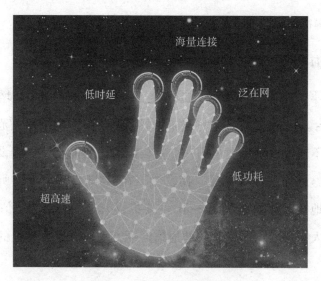

图 3-1　5G 的五大核心优势

一、超高速

超高速可以说是5G网络最直观的特点。从理论层面来看，5G网络的峰值传输速度要比4G网络快10倍。举个例子，在4G网络环境下，用户下载一部超高清电影可能需要几分钟，但在5G网络环境下，这个过程只需要几秒钟就能完成。

二、低时延

低时延是5G网络最显著的优势。时延指的是两个设备互相通信所用的时间。从1G到5G，每一次移动通信技术的升级都在努力降低时延。研究表明，2G网络的时延为140ms，3G网络的时延为100ms，4G网络的时延为20~80ms，5G网络的时延只有1ms。举个例子，用户想要观看一个视频，要先点击这个视频向网络发送请求，获得允许才能观看。在4G网络环境下，从发送请求到获得允许，用户要等待20~80ms，但在5G网络环境下，用户只需等待1ms。

三、海量连接

在5G网络环境下，每平方公里连接的设备数量将大幅增长，可超过100万台。届时，5G基站将遍布世界各个角落，网络覆盖范围将进一步扩大，不仅可以满足海量用户的通信需求，还能支持更多设备接入网络，即便这些设备地处偏远。简言之，在5G网络环境下，所有设备都可随时随地接入互联网。1G～4G主要提供人与人之间的通信方案，5G主要解决人与物、物与物之间的通信问题，完成真正意义上的物联网的搭建。

四、泛在网

泛在网指的是广泛存在的互联网，简单来说就是让网络覆盖社会生活的各个角落，让人与设备可随时随地接入网络，永不掉线。在4G网络环境下，人们在使用网络时可能会随时遇到网络中断的情况，例如进入电梯、地下车库等相对封闭的场所网络会断开连接，在地铁上打着电话可能会突然中断，等等。进入5G时代，这些问题将不复存在。因为5G基站是一种微基站，体量小、分布广，可随时发出高密度的信号，使偏僻区域信号盲点问题得以彻底解决，让用户保持随时在线。

五、低功耗

在4G网络环境下，物联网虽有所发展但仍存在很多问题，其中一个突出问题就是功耗高。例如智能手表，大多数智能手表每天都需要充电，有时一天需要充几次电。但在5G网络环境下，这些智能终端的功耗将大幅下降，大部分产品的充电周期可延长至一周，甚至是一个月，从而使用户体验得以较大改善。5G低功耗的特点极大地降低了网络设备的能源补充频率，有效延长了终端设备的电池使用时间。

需要注意的是，5G的问世不仅使移动通信技术实现了重大变革，而且进一步拓展了产业跨界融合范围，将人与人之间的通信拓展为人与物、物与物之间的通信。从应用场景来看，5G的应用场景不再局限于手机，而是面向 VR/AR、车联网、无人驾驶、工业互联网、智能家居、智慧城市等更多场景，从个人应用转变为行业应用。

随着5G网络逐渐部署应用，其应用场景将越来越丰富。未来，5G将与工业、医疗、交通、娱乐等行业实现深度融合，拓展出更多垂直领域的应用，使人们关于万物互联、人机交互、智能生产与生活的设想逐步成为现实。

中国5G引领全球

随着5G移动通信时代的临近，世界主要国家和地区均竞相部署5G战略，力争引领全球5G标准与产业发展。韩国于2018年在平昌冬奥会上率先提供了5G应用服务，并计划于2020年底实现5G大规模商用；美国四大运营商也在积极进行5G预商用部署；欧盟于2018年启动5G预商用测试，并计划于2025年在欧洲各城市推进5G商用；日本宣布将在2020年东京夏季奥运会前实现5G商用，2023年实现5G全国覆盖。

而我国政府部门也在积极推进5G部署，不断加码相关政策。《国家"十三五"规划纲要》提出"积极推进第五代移动通信（5G）和超宽带关键技术，启动5G商用"；《国家信息化发展战略纲要》强调要"积极开展

5G技术研发、标准和产业化布局，2020年取得突破性进展，2025年建成国际领先的移动通信网络"。同时，政府支持成立IMT-2020（5G）推进组，组织5G试验、推动5G技术和标准研发。国内主流通信设备企业在标准制定和产业应用等方面已获得业界认可。

在移动通信技术发展的过程中，在1G～4G时代，中国的移动通信企业逐渐从缺席、跟随、追赶转变为跟跑、并跑。经过几十年的努力与积淀，在5G时代，我国移动通信行业跻身领先地位，开启了中国移动通信技术领跑世界的时代。

在5G标准方面，目前，全球立项并通过50项5G标准，其中中国21项，美国9项，欧洲14项，日本4项，韩国2项。国际移动通信标准化组织3GPP接受华为的Polar码（极化码）作为控制信道编码方案，接受美国的LDPC作为数据信道编码方案。

在知识产权方面，在5G必备的知识产权中，中国企业拥有的知识产权数量占到了10%。在移动通信设备方面，华为是目前全球顶级的通信设备供应商，在全球537个4G网络中，华为负责提供设备的网络占到了一半。

在专利数量方面，设备厂商拥有的专利数量越多，在5G时代拥有的话语权就越大。相关数据显示，截至2019年底，中国5G专利申请数量已跃居世界第一。其中，华为拥有的5G专利最多，排名世界第一，中兴通讯排名世界第三。据德国专利数据公司IPLytics统计，截至2019年3月，中国厂商申请的关于5G标准的专利占比达到了34%，比韩国的25%和美国的14%要高出许多。

在移动终端方面，华为、OPPO、vivo、小米等手机的出货量和苹果、三星等国外知名品牌的出货量相差无几，手机价位也非常接近。2019年，这些企业相继推出5G手机，比很多国外知名品牌要早许多。总体来看，在5G通信技术领域，无论中国还是中国企业都已进入第一梯队。

我国之所以能在5G时代占据领跑地位，原因有三点：第一，国家对5G的高度重视与科学的顶层设计；第二，企业积极创新，先发制人，在国际市场上抢占制高点；第三，我国很早就开始参与5G标准化建设，积累了很多技术优势。如图3-2所示。

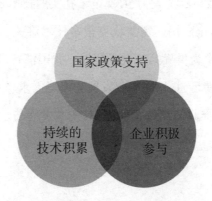

图3-2　中国5G引领全球的三大驱动力

一、国家政策支持

工信部、发改委和科技部早在2013年2月就成立了IMT-2020（5G）推进组，其任务非常明确，就是推动5G技术和标准研发、牵头组织5G试验。在IMT-2020（5G）推进组的带领下，我国在2016—2017年启动了三次技术研发试验，分别对5G关键技术、技术方案和系统进行了测试。

二、企业积极参与

我国电信运营商与通信设备制造商紧密合作积极开展5G技术研发试验。例如，2016年底，中国移动制定了2016—2020年的5G商用时间表。根据这个时间表所做的规划，2017年5月，中国移动分别在北京、上海、广州、苏州、宁波建立5G试验网，进行5G外场测试。

三、持续的技术积累

早在3G网络时代，我国移动通信技术就取得了很大的进步，最有力的证明就是我国主导的TD-SCDMA成为三大国际标准之一。从那时起，我国企业持续加大在移动通信领域的投入，积极研发最新技术与产品，积累了一系列先进技术成果，为发力5G奠定了扎实的技术基础。

虽然5G的规模化商用还需要攻克很多技术难关，相关产业发展也面临着重重阻碍，但作为世界第二大经济体，我国消费者众多，企业用户规模庞大，能够切实满足5G相关产业发展的市场需求。再加上百度、腾讯、阿里巴巴等互联网企业的支持，我国5G技术发展与规模化商用的实现指日可待。

5G的关键技术架构

作为第五代移动通信网络，5G网络的峰值速度可达每秒数十Gb，比4G网络的传输速度提高了数百倍，一部超高画质的电影下载只需1秒。随着5G网络的普及应用，人们完全可以利用智能终端分享3D电影、3D游戏及超高画质节目。作为未来几年甚至十几年的主流通信技术，5G将成为同4G一样的基础设施，在智慧交通、工业互联网、医疗健康、智慧环保、城市管理等各行各业实现广泛应用。

那么5G网络的关键支撑技术有哪些呢？下面我们对5G的七大关键技术进行简单分析，如图3-3所示。

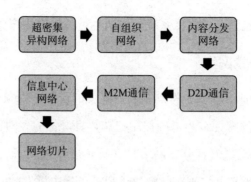

图 3-3　5G 的七大关键技术

一、超密集异构网络

随着移动通信网络的更新迭代，其复杂性也在不断提升。2/3G 时代，运营商仅需要在全国部署几万个基站便可实现对全国网络的全面覆盖；4G 时代，这一数字增长至 500 多万。而 5G 网络需要的基站规模更为庞大，5G 网络每平方公里可以支持百万级别的设备接入，为此，必须密集部署海量基站。而且即便处于同一网络，不同终端的速率、功耗、使用频率、服务质量需求等也存在明显差异。

在这一背景下，按照传统的网络结构模式进行部署，可能会使 5G 网络出现相互干扰问题。为了避免这种情况，需要从不同业务网络实现方式、节点协调方案、网络选择方案、节能配置方法等多种维度做出有效调整。

二、自组织网络

自组织网络是 5G 技术的重要组成部分：在网络部署阶段，它强调自规划和自配置；在网络维护阶段，它强调自优化、自愈合。自规划的目标是实现网络的动态规划和执行，并满足系统扩展容量、监测业务、优化结果等需求。自配置在成本控制、安装便捷性等方面有领先优势，其目标是实现新增网络节点配置的即插即用。自愈合是指系统可以自动对问题进行检测、定位及处理，有效降低系统运维成本，并提升用户体验。

三、内容分发网络

5G网络复杂业务较多，特别是高清晰度的音频、视频业务往往存在短时间内集中爆发的特性，为了确保用户获得良好体验，对网络进行改造升级就显得尤为关键。内容分发网络是一种拓展传统网络层次的有效方案，它可以提供智能虚拟网络来有效解决用户需求集中爆发的问题。

内容分发网络系统将充分考虑各网络节点负载状况、连接状态、用户距离等因素，将内容分发到距离用户较近的代理服务器中，使用户可以就近获取所需内容，避免网络拥堵，提高用户需求响应速度。

四、D2D通信

5G网络的网络容量、频谱效率、通信模式、终端用户体验都需进一步提升。在5G网络环境下，设备间通信都有望提升系统性能，减轻基站压力，增强用户体验，提高频谱利用率。所以，对于5G网络来说，D2D（Device to Device，设备对设备通信）将成为其中的一种关键技术。

五、M2M通信

作为现阶段物联网最常见的应用形式，M2M（Machine to Machine，机器对机器通信）已经在智能电网、环境监测、城市信息化、安全监测等领域实现了商业化应用。目前，对于M2M网络，3GPP已经制定了一些标准，并开始立项研究M2M关键技术。根据3GPP规定，M2M有两种解释：从广义上看，M2M指的是机器与机器、人与机器、移动网络与机器之间的通信，涵盖了人、机器、系统之间的所有通信技术。从狭义上看，M2M指的就是机器之间的通信。相较于其他应用来说，M2M的典型特征就是智能化、交互式，在这种特征下，机器变得更加智慧。

六、信息中心网络

随着实时音频、高清视频等服务的数量日渐增多，基于位置通信的传统TCP/IP网络已无法承担海量数据分发任务，整个网络呈现以信息为中心的发展趋势。1979年，尼尔森（Nelson）提出信息中心网络[①]这一概念。目前，美国很多组织都在研究ICN，以期用ICN取代现有的IP。

七、网络切片

5G网络切片就是利用交通管理的分流方式对网络数据进行管理，其本质是从逻辑层面对现实存在的物理网络进行划分，按照用户服务需求及时延高低、带宽大小、可靠性强弱等指标将其划分成不同的虚拟网络，以应对多变的应用场景。

相较于4G网络来说，网络切片是5G网络一大鲜明特征。目前，业界主流的切片方式是按照5G网络的三大典型应用场景进行切分，让5G网络的网络承载能力与安全性能等指标满足相关业务需求，将物理网络进行分类，并转化为虚拟网络，从而满足多种网络应用场景需求。从5G技术本身发展视角看，5G技术可被应用至移动宽带、大规模物联网、关键任务型物联网等领域。

随着技术与市场不断发展，网络切片也将不断向前发展。从技术层面来看，提高网络运营速度、降低网络建设成本仍有较大潜力；从市场层面来看，工业互联网、新型智慧城市、无人驾驶汽车等都对移动互联网的质

---

① 信息中心网络（Information-Centric Networking, ICN）以名字为中心，提出了一种革命性的全新互联网架构。ICN可实现内容与位置分离、网络内置缓存等功能，从而更好满足大规模网络内容分发、移动内容存取、网络流量均衡等需求。

量提出了较高的要求。在此情况下，各项指标表现极好的5G网络将对相关产业的发展产生积极的推动作用。

"5G+AI" 的聚变与裂变

如今，"90后""95后"的年轻人正逐渐成长为社会消费的主力军，个性化消费越来越普遍，企业也推出了诸多精准化服务。但随着人口红利的消失，服务行业从业者的增幅呈下降趋势。

以往，我们生活在人与自然构成的二元世界中，大数据、互联网的高速发展及普遍应用，使我们进入了呈现明显信息化特征的三元世界中。伴随着虚拟现实/增强现实、人工智能技术的发展，新一轮消费升级浪潮已经来临，虚拟消费、智能消费、智力消费渐成主流。5G的规模化商用将为各行各业的发展注入新动能，带动相关的新兴技术快速发展。其中，5G与人工智能的融合将推动整个产业实现进一步变革。

一、5G与AI相互赋能

在5G网络环境下，AI的规模价值可以很好地展现出来。因为5G具有低延迟、高带宽、广覆盖的特点，让之前难以落地的AI应用有了落地的可能，比如自动驾驶、远程医疗等。同时，对于消费者来说，5G网络的速度非常快，可以让消费者享受到更极致的体验。

作为未来各个行业数字化转型的基础设施，5G将从数据、算力、应用场景等各个方面对AI的发展产生强有力的推动作用，具体体现在以下几个方面，如图3-4所示。

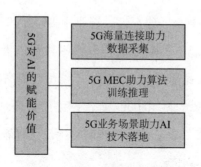

图 3-4　5G 对 AI 的赋能价值

• 5G海量连接助力数据采集。据IMT-2020《5G愿景与需求白皮书》预测，到2030年，全球移动网络设备接入量将超过千亿台。届时，数据体量、种类、形式都将实现大爆发，能够为AI训练建模提供海量优质数据。

• 5G MEC[①]助力算法训练推理。5G MEC边缘云计算支持本地计算、数据处理，能够在靠近设备或数据源一侧为人工智能提供训练与推理服务。

• 5G业务场景助力AI技术落地。国内外运营商将5G业务分成了三类：第一类是增强型移动宽带，第二类是高可靠性与低延迟的通信，第三类是大规模机器通信。这三类业务为AI技术的落地提供了丰富的应用场景，如智慧教育、智慧医疗、智慧交通等。

二、5G助力AI技术落地

作为下一个行业风口，人工智能已有很长的发展历史，却一直处于初级发展阶段。虽然经常出现一些亮眼的垂直应用，但因为产业规模的限

---

① MEC（Mobile Edge Computing），即移动边缘计算，是指可利用无线接入网络就近提供电信用户IT所需服务和云端计算功能，而创造出一个具备高性能、低延迟与高带宽的电信服务环境，加速网络中各项内容、服务及应用的快速下载，让消费者享有不间断的高质量网络体验。

制，人工智能的可解释性、纵深性、行业连通性等都亟待提升。

在5G的技术赋能下，AI的智能化水平将得以大幅提升，网络规划、建设、维护、优化模式都将得以革新，不仅可以提高精确度，还能减少人工使用量，在降低运营成本的同时提高网络服务质量。对于5G网络智能化来说，AI波束管理、基于AI的无线网络优化、智能网络切片等都是非常典型的应用，如表3-1所示。

表 3-1　5G 网络智能化的典型应用

典型应用	具体内容
AI波束管理	智能调整波速指向，降低覆盖重叠干扰，提升接入体验
基于AI的无线网络优化	利用AI技术对参数调整策略进行优化，使网路无线资源的利用率、网络容量都得以大幅提升，对用户行动轨迹、用户业务进行预测，对内容缓存策略进行优化，带给用户更优质的体验
智能网络切片	利用AI技术对切片资源进行管理，让切片实现自动配置，优化切片性能，实现切片故障自动恢复

随着5G实现大规模商用，AI应用的能力将得以充分释放，将具有更高的商业价值与市场价值。为此，在5G与AI融合的过程中，既要考虑如何在全世界范围内保证5G被公平、公正地使用，又要使5G应用得以全面释放，让5G应用帮整个世界变得更公平。

三、未来的发展趋势

未来，"5G+AI"将成为水、电一般的基础服务，深入人们生产、生活的方方面面。

随着5G与AI实现紧密融合，产业升级门槛将持续下降，传统产业数字化转型速度将变得越来越快。届时，传统产业不得不改变早已习惯的独立发展模式，尝试与产业互联网协同发展。对于传统产业来说，5G与AI将成为两大基础，为其数字化转型提供重要支撑。

产业互联网将成为5G与AI应用的主战场，智慧医疗、智能制造、智慧教育、智慧环保将成为5G与AI应用的热门领域。

消费互联网仍具有较大的发展潜力，在"5G+AI"的辅助下，消费者将获得更丰富的体验、更多元化的交互方式。随着技术不断革新，消费互联网将实现蓬勃发展，其规模将不断扩大。

家庭互联网与人们的关系最密切。随着经济水平不断提升，个人可支配收入持续增长，人们越来越注重家庭生活的舒适与安全。所以，在5G时代，智能家居产品、家庭安防产品市场将变得空前庞大。随着技术不断更迭，智能家居产品、智能安防产品将实现快速发展，届时，人们将真正迎来万物互联的智能家居生活。

未来几年，"5G+AI"将从各个角度切入，为实体经济赋能，全面提升通信产业链与人工智能产业链的融合速度，促使二者相互赋能，在产业变革、实体经济发展过程中抓住机会，实现蜕变发展。

第4章
智能社会：5G重构商业与生活

5G+教育：VR/AR教育模式

近年来，随着越来越多的新技术、新设备在教育教学领域得到应用，教学方式发生了重大变革，从最初的黑板粉笔教学到多媒体教学，再到智慧教育交互式智能黑板教学，教学方式越发多元化，但教学活动以教师为中心、学生的学习兴趣不高、学习效率低等问题始终未能解决。

在5G技术的支持下，AR/VR可以在教育领域实现更好的应用。比如，教师利用AR/VR技术模拟各种场景，学生坐在教室中就能前往各地进行虚拟实地考察，产生真切的感受，从而提高学习效率与效果。相较于传统的教学方法来说，AR/VR教学有很多优点，不仅可以提高教学效果，激发学生的学习兴趣，拓展学生的视野，还能产生超乎想象的成本效益，降低学习风险。

一、VR/AR技术驱动教育变革

VR/AR在教育行业的应用场景非常多，大致可以分为以下几类，如图4-1所示。

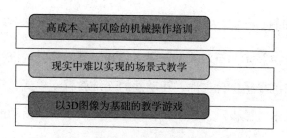

图4-1　VR/AR在教育行业的应用场景

（1）高成本、高风险的机械操作培训。

初期，VR/AR技术主要用于军事模拟训练，比如飞行器模拟训练等。近来，VR/AR技术开始向民用领域渗透，比如在教育培训行业，VR/AR技术被用于赛车、手术、滑雪、飞机驾驶等教学培训，以降低培训成本与培训风险。

（2）现实中难以实现的场景式教学。

虚拟性是VR/AR最显著的特点。将VR/AR应用于教育领域，可以开展很多过去无法开展的场景教学，比如地震、泥石流等灾害场景的模拟逃生练习，深海场景、太空场景的科普教学，等等。这些场景式教学不仅可以激发学生的学习兴趣，还能提高教学效果，让学生真正掌握逃生技能，增进对知识的理解。

（3）以3D图像为基础的教学游戏。

现阶段，因为技术水平有限，VR/AR内容很难以视频的形式连续呈现。对于成年人来说，单个3D图像无法形成持久吸引力，但对于正在接受早教的低龄儿童来说，这种视觉冲击力较强的彩色3D图像，配之以可以交流互动的声音重复出现，可以形成具有较强吸引力的认知产品。另外，不断发展的电商也给VR/AR早教卡片带来了广阔的市场空间，推动AR早教卡片成为VR/AR领域最具竞争力的现金流产品。

二、5G时代的VR/AR教学体验

基于VR/AR技术的沉浸式学习模式增强了教学场景的沉浸感，创造了一种具有超强沉浸感、自主性、互动性的三维教育新模式，将学生的注意力从单调的课本、黑板、视频中转移出来，提高了教学活动的灵活性、趣味性。

其实，通过分析可以发现，几乎所有的VR/AR教育细分场景都存在同一个问题，即内容缺乏吸引力、硬件重、价格贵，无法满足学生对学习个性化、自主性、沉浸式、互动式等方面的要求。于是，在整个教育互动过程中，云、VR/AR、5G等技术成为非常重要的一环。

（1）云端技术催生使教育内容多元化。

首先，在VR/AR教育场景中，5G大带宽、低时延的特点可以得到完整展现；其次，云VR/AR为智慧教育的落地应用提供了必要的技术支持。在5G、云、VR/AR教育场景中，边缘计算、云端计算渐成主流，使终端设计变得更简单，性价比变得更高，从而推动VR/AR渐成主流。另外，VR/AR教育领域的潜在用户规模庞大，使得VR/AR教育内容开发商的内容开发热情空前高涨，或将使VR/AR教育内容行业呈现百花齐放的格局。

（2）提高教育内容质量，降低硬件价格。

5G云端渲染将高性能的GPU处理器放在云端，不仅可以降低设备的复杂程度和使用成本，还能使终端设备具有移动性，从而打造高质量的VR/AR教育内容。

5G网络的传输速率可达10～50Gbps，而且时延较低，可以支持大型VR/AR教育场景先在云端渲染，再通过网络传输到用户的终端设备。云端渲染可以保证终端画面拥有较高的分辨率，进而缓解VR/AR教育带给学生的眩晕感。同时，因为可以在云端渲染，在很大程度上缓解了用户终端设备的硬件计算压力，降低了终端硬件设备的价格。

总而言之，在5G网络时代，VR/AR教室将以"云VR/AR+便捷终端"为基础，推动软硬件设备实现创新升级，降低VR/AR基础设备的成本，缓解长时间使用设备产生的眩晕感，切实保证内容版权安全，使教育信息化的价值得以全面释放。总而言之，随着5G、云VR/AR、教育深度融合，一种全新的教学模式将应运而生，进而推动整个教育行业实现颠覆式变革。

5G+安防：智慧安防大变革

和4G相比，5G在传输速度方面的表现非常突出。2018年底，广东移动携手华为在深圳成功打通首个基于3GPP标准的Sub 6GHz双载波First Call，用户叠加峰值速率超过5.2Gbps。这种传输速度可以让用户在一秒内下载完一部高清电影，而困扰安防从业者的带宽资源有限、高清视频文件传输速度慢等问题将得到有效解决。

具体而言，5G在安防产业的应用价值主要体现在以下几个方面，如图4-2所示。

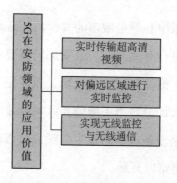

图4-2　5G在安防领域的应用价值

一、实时传输超高清视频

在消费级市场，人们无时无刻不在追求更为清晰的画面。近几年，火热的家用摄像机产品在满足人们社交需求的同时，也满足了家庭安全监控需求。但传输视频画面时，存在视频画面不清晰、传输效率较慢等问题。

由于用户带宽存在一定差异，摄像机厂商为了扩大产品受众群体，开发了自适应网络带宽功能。这种情况下，当用户带宽资源有限时，传输给用户的视频画面清晰度将大打折扣。而5G的超高速传输能力，将使消费级市场的超高清视频传输需求得到充分满足。

二、对偏远区域进行实时监控

国境线、原始森林、沿海荒岛等位置偏远，基础设施不完善，铺设有线网络来开展安防工作需要耗费极高的成本。而部署无线网络，不但可以让监管人员远程对偏远区域进行实时监控，还能有效降低安防成本，提高安防效果。

不过，在偏远区域，可能存在湿热、高温、雷雨等极端天气，为了使无线视频监控系统可以稳定高效运行，需要安防厂商在设备材质、设计、技术等方面进行创新。

三、实现无线监控与无线通信

车站、广场、娱乐中心等是城市的关键监控区域，人员密集、人流量大。为了对这些区域进行有效监控，公安部门需要建立集中监控平台和统一指挥调度中心，为人流控制、防堵治堵、抓捕犯罪分子、反恐等工作提供支持。目前，国内大部分城市关键监控区域主要采用有线网络进行视频监控和通信，但在网络设备或线路发生故障或被破坏时，这些关键监控区域的视频监控和通信将难以开展。

　　而5G强大的无线通信能力，将有效解决这些问题，使城市关键监控区域的安防得到充分保障。视频应用是扩大5G商业价值的关键所在，涵盖了视频通信和安防监控：前者是没有天花板的消费级市场；后者是保障城市安全、建设智慧城市的关键所在。而且在保障安全面前，成本更容易被忽略，从而使安防产业成为5G商用的"杀手级应用"的行业之一。

　　在智慧城市中，视频监控服务需要应用视频监控即服务（Video Surveillance as a Service，VSaaS）模式，由云端为用户提供视频录制、存储、管理及服务监控。同时，服务供应商也在云端开展系统运维。

　　云服务在数据储存、分析及应用灵活性方面具有明显的领先优势。对于部署城市视频监控系统的企业或机构来说，如果采用独立的存储系统，将面临较高的前期部署成本与长期性的运维成本压力。而云系统具备动态调整能力，在有需要时，可以为摄像机配置更高的分辨率来提高其性能，而在其他场景下可以通过降低分辨率来控制成本。

　　通过将AI和云技术相结合，可以有效提高视频监控系统的性能。AI可以利用计算机分析文本、图像、视频等数据，来完成人、车、场景的识别。比如，视频监控系统识别目标对象后，发现目标对象未拥有合法授权，从而自动执行门禁锁定，并快速提取目标对象关键信息，向相关人员和部门发出警报。

　　目前，在AI应用的诸多行业中，安防行业应用的营收水平位居前列，比如在智能算法、AI芯片、生物识别、机器视觉等安防垂直领域，部分人工智能技术开发商和设备供应商营收大幅度增长。将5G和人工智能相结合，安防监控、视频通信、车联网、平安社区、智慧城市等行业将迎来快速发展期，推动整个安防产业不断走向成熟，使个人、家庭及组织享受到高效、低成本的优质安防服务。

5G+视频：新一轮短视频红利

5G时代来临后，网速进一步提高、流量成本持续降低，将推动短视频内容迎来新一轮爆发式增长。目前，国内短视频内容平台纷纷开展技术与功能升级，争取为用户创造更为良好的使用体验，延长用户在线时长，寻求更多的商业合作等。

快速增长的短视频行业呼唤更为先进的生产技术、传播技术。随着消费者对短视频质量越发重视，优质短视频内容稀缺、制作成本高等问题越发突出。4G时代，有限的网速、带宽资源对短视频内容生产、分发、用户体验等带来了诸多负面影响，而5G的商业化应用为这些问题提供了有效的解决方案。

4G时代，短视频产业的发展主要依赖于UGC（用户生产内容）和视频社交化。而进入5G时代后，PGC（专业生产内容）和物联网应用将成为短视频产业发展的两大关键驱动力。5G带来了泛在互联网络，为万物入网提供了有效解决方案，短视频行业将因其发展而大为受益。

我国短视频行业发展主要历经三大阶段，如表4-1所示。

表4-1　我国短视频行业发展的三个阶段

发展阶段	时间	主要特征
萌芽成长阶段	2013—2015年	在秒拍、美拍、小咖秀等短视频平台的驱动下，一、二线城市用户开始消费并生产短视频内容
野蛮生长阶段	2016—2017年	资本接入、智能手机性能提升、流量资费降低等利好因素，促使抖音、快手等短视频平台实现迅速崛起。同时，传统媒体、互联网巨头等各路玩家也纷纷布局，将短视频行业发展推向新高度
理性发展阶段	2017年至今	资本趋于理性、消费升级等，使短视频行业对内容质量、盈利模式等越发重视，同时，为与竞争对手实现差异化，短视频内容平台也纷纷探索垂直领域

作为互联网内容产业的重要组成部分，短视频行业的发展前景是毋庸置疑的。各类互联网应用为增强内容属性，提高用户打开率和在线时长，纷纷增加短视频板块，使短视频行业竞争进一步加剧。

位于上游的短视频内容生产者，是短视频产业链的核心组成部分。而短视频产业链下游主要是短视频平台和各类分发渠道。目前，短视频平台是短视频内容最主要的生产、消费场所。腾讯、阿里巴巴等互联网巨头为抢占"短视频蛋糕"，纷纷投资短视频平台和优秀的内容创作方，这为短视频行业的发展提供了巨大推力。

艾瑞咨询公布的数据显示，预计到2020年，短视频市场规模将突破300亿元。未来，随着5G的全面商业化，以及互联网在农村地区的推广普及，短视频市场空间得到极大的拓展。再加上AR/VR、全景技术、无人机拍摄等技术的发展与应用，用户将获得更为良好的短视频消费体验，从而进一步刺激短视频行业的快速发展。

中国互联网信息中心在第43次《中国互联网络发展状况统计报告》中指出："在短视频领域，众多互联网企业竞相布局，特色优质内容成竞争关键。2018年，短视频市场获得各方广泛关注，百度、腾讯、阿里巴巴、微博持续在短视频领域发力，网易、搜狐等也纷纷推出新的短视频应用，短视频市场迅速发展。截至2018年12月，短视频用户规模达6.48亿，用户使用率为78.2%。"

依托硬件优势，华为视频积极开展全球化布局，在西班牙、意大利等欧洲国家自建短视频品牌；在中东、拉美及部分亚太地区通过和当地运营商合作，为用户提供短视频服务。规模庞大的硬件用户、强大的内容整合能力、完善的服务体系，将帮助华为视频在全球化布局中获得一系列领先优势。

2019年4月18日，河南郑州举办了2019年全国短视频创意峰会，华为消费者业务云服务视频业务部部长徐晓林以《5G时代，共创短视频未来》为题发表了精彩演讲，在演讲中他表示："截至2019年4月17日，华为视频月活跃用户数已突破1亿。"未来，华为视频将会在短视频制作、营销、传播、商业变现等诸多维度为合作伙伴提供大力支持，营造更为优良的创作和分发环境，使终端用户切实享受到高质量的短视频服务。

5G时代来临后，限制人们消费短视频的网速、带宽等问题将得到有效解决，短视频将像今日的图文一般被人们广泛消费。与此同时，用户对视频清晰度、创意、个性化等方面的要求也将不断提升，从而对内容策划、加工、分发等提出了更大的挑战。

5G时代来临后，人脸识别、动作捕捉、AR/VR等技术的发展，将为短视频行业发展注入巨大活力。与此同时，5G将有力地推动万物互联世界的来临，极大地拓展短视频产业链的深度和广度，使短视频产品渗透到更多的应用场景之中，为创作者、平台方、分发商、品牌商等创造更大的获利空间，实现多方合作共赢。

5G+智慧城市：5G时代的智慧城市新图景

从本质上看，智慧城市是一种城市数字化转型的有效解决方案，是加快新型城镇化建设的新思路、新方法、新模式。目前，随着城市人口不断增加，对管理部门的城市管理水平提出了更高的要求。数据采集、平台建设缺乏协调性，管理模式不能迎合市场规律等问题，给智慧城市建设带来了诸多阻碍。

而5G技术在智慧城建领域的应用为上述问题的解决提供了有效的思路。以灯杆为例，在北京城市副中心发布的城市建设规划中，城市灯杆将集成信息技术、感知技术、图像处理技术、通信技术、单灯控制技术等诸多新兴技术，可以自动根据城市道路状况对光线亮度进行控制，可以支持新能源汽车充电，加快新能源汽车的推广普及。一旦灯杆发生故障，发现问题的市民可以按下灯杆上的按钮与后台控制中心的工作人员进行远程视频通话，及时解决故障。

另外，灯杆还将配备Wi-Fi设备，让市民可以更好地享受网络服务。同时，灯杆还能为市民提供空气质量、天气状况、新闻资讯、周边商家等各种信息，为其日常生活提供诸多便利。

和灯杆类似，垃圾箱也将被赋予"智慧"。2018年11月，中国举办首届中国国际进口博览会（CIIE），智慧垃圾箱惊艳亮相，让与会人员感受到了智慧城建的魅力。北京鼎恒泰科技有限公司在这些智慧垃圾箱上配备了NB-IoT智能垃圾箱检测器，使垃圾箱具备满空状态、火灾隐患以及倒伏状态等检测能力。以满空状态检测为例，当垃圾箱装满垃圾时，检测器会自动向环卫工人发出通知，告知工作人员及时处理，在提高垃圾清运效率的同时，也为垃圾清运人员带来了诸多便利。

5G技术为这些智慧城建设备的落地应用提供了一定的技术支持，在增强设备感知能力的同时，也为中心控制系统对设备进行实时控制提供了便利。

智慧城市建设将革新城市发展理念与模式，形成"规建管"一体化协同治理新格局，使政府部门、科技企业、设备开发与运营商及广大市民等都能参与到城市建设之中。具体来看，智慧城市将从以下几个方面为城市发展创造巨大价值，如表4-2所示。

表4-2　智慧城市的实践价值

序号	主要价值
1	借助5G、AR/VR、大数据、云计算、物联网、人工智能等技术，有效提高城市规划项目决策科学性
2	通过打造智慧工地更好地开展项目目标管理和资源管理，增强项目管理的协同性，充分发挥广大市民的监督作用
3	加快推进建筑工业化，打通城市基建全产业链，并开展全生命周期管理
4	提高企业智慧化管理水平。智慧城建系统将为企业更精准、更高效、更低成本地获取市场环境、目标用户等信息提供有效帮助，从而增强企业对市场环境与用户需求变化的应对能力
5	推动市场管理模式创新。在智慧城建理念的指引下，住建部建设了"四库一平台"（"四库"包括企业数据库基本信息库、注册人员数据库基本信息库、工程项目数据库基本信息库、诚信信息数据库基本信息库；"一平台"为一体化工作平台），通过对项目、企业等大数据进行分析，创新城市管理手段，提高城市管理水平

5G带来的不只是网络速度的快速提升，还能推动商业模式和思维模式变革，对人们的日常生活与工作产生深刻影响。5G让人类具备更强的洞察能力，能够有效提升效率，推动创意创新，在交通、工业、娱乐等诸多领域具备广阔的发展前景。

智慧城市建设将因5G的应用大为受益。在智慧城市概念刚出现时，其核心支撑技术是PC和互联网技术，主流应用场景是电子商务和电子政务。之后，随着移动互联网时代来临，智能手机和移动互联网技术成为智慧城市建设的核心支撑技术，增加了移动支付这一全新的应用场景，"以人为中心"的城市发展理念渐成主流。

移动互联网窄带大连接技术的发展推动智慧城市建设迈向基于物联网搭建城市神经网络、基于人工智能搭建城市大脑的新阶段，智慧交通、智慧环保、智慧消防等多种应用场景得以落地。现阶段，5G技术的发展让万物互联的智慧城市有了落地的可能。

和前几代通信技术相比，5G基础模块体积更小、分布更加密集，在网络连接效率、稳定性、安全性等方面具有明显优势。需要指出的是，由于5G基础设施建设需要付出较高的成本，仅依靠运营商的投资远远不够，政府应在资金、政策等方面给予大力支持。

美国在5G技术研发与应用方面走在世界前列。依托5G提供的低时延、高效率的无线通信网络，美国智慧城市建设进程进一步加快，在智慧城市交通、智慧电网管理等智慧城市探索项目中取得了不错的成绩，创造了价值约1600亿美元的成本控制和经济收益，满足美国民众远程办公、在线学习、高效出行等方面的需求。

根据埃哲森（Accenture）发布的一份报告显示：2017年以来，美国运营商为推进5G技术发展与应用累计投资超过2750亿美元，其中，基础设施建设投资达930亿美元，剩余部分资金则用于网络设备研发部署、开展工程项目等。除了直接创造经济效益外，通过发展5G技术，美国将新增300万个工作岗位，创造5000亿美元的GDP增长。

得益于高效率、低时延的网络对远程办公、在线学习、技能认证等方面的支持，劳动力竞争将得以优化，这同样可以创造数十万个工作岗位。对于芝加哥等大型城市，5G技术预计能创造9万个工作岗位；对于人口数在3万～10万间的中小城市，5G技术预计能创造

300～1000个工作岗位。整个加利福尼亚州将因为5G技术的发展新增1.1万个就业机会，而受5G技术影响的工作岗位将达到37.5万个。

此外，在5G技术的支持下，街灯、下水道等城市基础设施智慧化进程将明显加快，应用程序响应速度、设备连接能力与效率将大幅提升，为满足民众高品质生活需求奠定良好的基础。

5G技术可以采用小单元基建模式，实现分布式"基建"模块部署，不需要运营商投入过多成本，只需将相关设备部署在现有路灯、电线杆、建筑物上即可。通过这种方式，信息传输效率将得以大幅提升，传输规模将进一步扩大，单一模块故障导致的系统整体运行受阻问题将得以妥善解决，同时，还能为用户提供更加多元化、个性化的优质服务。

第三部分
特高压

第5章

特高压：推动智慧能源革命

特高压：未来能源主动脉

电能的应用被称为能源领域的第三次重大革命，引导社会生产进入技术密集型时代，规模化生产、批量化生产应运而生。过去几十年，电力为我国工业、农业等产业的现代化奠定了坚实的基础，为很多新型产业的出现创造了条件，为技术发展、科技进步提供了重要支持。"科技是第一生产力"这一法则始终未变，为推动我国电网技术持续发展，为我国经济、社会发展提供强有力的支撑，我国电网人始终坚持科技创新，努力突破重大技术难关，勇攀电力科技高峰。

近几年，在国家创新发展战略的引导下，国家电网在特高压、智能电网、柔性直流输电、大电网安全控制、新能源并网等领域取得重大突破。尤其是在特高压领域：2012年，国家电网自主研发的"特高压交流输电关键技术、成套设备及工程应用"获国家科技进步特等奖；2017年，中国电网自主研发的"特高压 ±800kV 直流输电工程"获国家科技进步特等奖。

特高压全称特高压输电技术，指的是 1000kV 及以上的交流电和 ±800kV（±750kV）及以上的直流电传输技术。在特高压之下还有高压、超高压，其中高压线路指的是电压等级在 10~220kV 的输电线路，超高压指的是电压等级在330～750kV的输电线路。

高速发展的社会经济对输电距离与输电容量提出了更高的要求，促使输电技术不断进步，更高电压等级的电网持续发展。电压等级越高，对技术的要求也就越高，因此，输电网的电压水平在一定程度上反映了电网容量、覆盖区域、输电距离以及输电技术水平。一直以来，我国输变电行业都处于追随地位，特高压输电技术的发展改变了这一局面，确立了我国输变电行业在国际上的领先地位，堪称新时代的中国重器，是中国制造的"金色名片"。

一、对内优化能源布局，对外打造中国名片

（1）"稳"经济、保增长，带动多产业发展。

特高压输电工程基础设施建设不仅可以拉动与之配套的中低压及配网建设，还能凭借其对上下游关联产业的配套需求，带动电缆线路、输电铁塔、特高压核心设备、电气设备、通信设备等产业发展，为社会提供更多就业岗位，加快各细分行业复工复产进度，促进国民经济实现稳定发展。

（2）"调"能源、优供给，提升能源利用效率。

目前，我国电力能源分布呈现能源中心与负荷中心逆向分布状态，西北部电量富余，中东部电力需求紧张。在"西电东调"，解决区域间电力资源分布不均问题方面，特高压技术发挥着极其重要的作用。同时，凭借输送容量大、传输距离远、运行效率高和输电损耗低等优势，特高压技术还可以提高输电企业的运营效益，缓解用电方电力资源紧缺等问题，提高整个区域的能源利用效率。

（3）"立"名片、树形象，打造中国制造品牌。

我国电力企业加大在特高压输电工程基础设施建设领域的投入，可在

特高压建设领域积累丰富的经验。作为全球唯一对特高压开展商业运营的国家，我国特高压电网建设不仅可以为"一带一路"沿线国家的电力基础设施建设提供经验，还可以为全球能源互联网建设贡献中国方案，在国际舞台上树立一个全新的中国制造品牌。

二、特高压商业化市场巨大，中国技术和产品引领全球

（1）欧美国家商业化停滞，新兴经济体市场需求旺盛。

早在20世纪中期，美国、日本等国家就开始研发特高压输电技术，建设特高压电网并投入使用，但终因运营效益过低无法满足企业持续发展需求而不得不停止运营或者降压运营。半个世纪之后，2015年，巴西、巴基斯坦等新兴经济体开始筹建特高压。近几年，中国电网与这些国家围绕特高压技术展开了一系列合作，为这些国家的特高压输变电网体系建设提供支持与助力。国际特高压线路发展情况如表5–1所示。

表 5–1　国际特高压线路发展现状 [①]

国家	建设/规划时间	线路类型	运行状态
日本	1992年	1000kV 同杆并架线路427km	500kV 降压运行
苏联	1981年	1150kV 特高压线路2362km	1994年起降压运行
意大利	1995年	1050kV	1998年降压运行
美国	20世纪70年代	—	停滞
巴西	2015年	800kV 直流特高压2076km	2019年建成

（2）中国特高压技术和商业化全球领先。

2006年至今，我国特高压电网建设可分为四个阶段：2006—2008年是实验探索阶段，2011—2013年是第一轮发展高峰期，2014—2016年是第二

---

① 数据来源：国家电网，赛迪顾问整理。

轮发展高峰期，2018年9月至今是第三轮发展高峰期。在前三个阶段，我国在特高压电网建设领域共投入5012亿元。在目前所处的第四个阶段，我国共规划了12条特高压线路，预计投资规模将突破1500亿元。经过十多年的发展，我国特高压电网基本完善，特高压线路长度、变电容量、输电能力等稳步提升。截至目前，我国在运特高压线路共25条，在建特高压线路共7条，待核准特高压线路共7条。

中国特高压十年回望

2009年1月6日，全球首条商业化运营的特高压交流工程——"晋东南—南阳—荆门特高压交流试验示范工程"正式投入运营，成为我国电网电压等级跃升到1000kV的重要标志。截至2019年1月6日，该工程已运行了十年。在这十年间，国家电网建设运营的特高压线路西穿戈壁，东抵海滨，南跨群山，北连雪原，"八交十直"串珠成线、连线成网，开创了"西电东送、北电南供、水火互济、风光互补"的能源互联网新局面。

我国纵横交错的特高压电网不仅解决了电力资源区域分布不均的问题，优化了电能配置，而且在推动我国能源转型升级、推进电力科技创新方面发挥了积极作用，其影响甚至突破国界延伸到了全世界。

"晋东南—南阳—荆门特高压交流试验示范工程"于2006年8月正式开工。为了建设这项工程，国家电网在前期做了一系列准备。2004年，国家电网组织完成"特高压输电技术及经济可行性研究"课题，特高压发展战略全面启动。此后，国家电网广泛吸纳人才，30多位院士、3000多位科研人员、10多所高校、500多家建设单位、200多家设备厂商共计几十万人为这一工程付出了心血。

在这十多年的时间里，我国特高压建设硕果累累：

2010年7月8日，"向家坝—上海±800kV特高压直流输电示范工程"正式投入运营。

2012年12月12日，"四川锦屏—江苏苏南±800kV特高压直流输电工程"投入运营。

2013年9月25日，世界第一个同塔双回路特高压交流输电工程——"皖电东送淮南—上海1000kV特高压交流工程"正式投入运营。这一项目标志着我国在高压交流输电技术开发、装备制造和工程应用方面达到了世界最高水平。

2014年1月27日，"哈密南—郑州±800kV特高压直流输电工程"投入运营，这一工程有个非常好听的名字——"电力丝绸之路"。

2014年4月6日，"溪洛渡左岸—浙江金华±800kV特高压直流输电工程"完成双极低端送电。

2014年4月下旬，"1000kV淮南—南京—上海特高压交流工程"通过有关部门核准，正式进入筹建阶段。

……

经过十多年的发展，在电网人的不懈努力下，以能源丰富的地区为起点，以能源需求紧张的中东部地区为落点，国家电网建设了"八交十直"特高压网络，满足了中东部地区70%以上的电力需求。

随着经济社会发展速度不断加快，特高压电网建设的意义逐渐显现。

例如，2018年夏，江苏省的用电负荷连续破亿，为满足江苏省的电力需求，多条特高压线路从西南、华北、华东等地向其输电 2100 万千瓦。同年，1000kV 淮南—南京—上海交流特高压输变电工程苏通 GIL 综合管廊工程盾构隧道贯通，进入电气安装阶段。这一工程的顺利完工标志着华东特高压交流环网正式形成，可使华东地区外受电能力得以大幅提升。

与此同时，"±800kV 青海—河南特高压直流工程"正式开工，这是世界上第一个以服务光伏发电，对清洁能源进行打捆外送为目的的特高压工程，是我国"五交五直"工程中首个开工的工程，新增 7000 多个就业岗位，可带动数万人就业。

2018 年，我国特高压电网建设呈现飞跃式发展。除上述工程外，"±1100kV 昌吉—古泉特高压直流工程"正式进入双极低端运行阶段，这是目前世界上技术水平最高的特高压输电工程。

截至目前，国家电网创造了许多世界之最：全球并网规模最大、电压等级最高、资源配置能力最强、大面积停电事故最少（为零）等。随着"一带一路"建设不断推进，我国电网人在不断探索特高压技术，在国内兴建特高压工程的同时，也将我国的特高压技术带出国门，走向世界。

2014 年 10 月，由我国国务院国资委新闻中心出品的《感知中国企业》形象片登陆美国纽约时代广场。在这部仅长 30 秒的短片中，特高压是一项重要内容。与此同时，在巴西的美丽山，我国特高压"走出去"的第一个工程——"±800kV 特高压直流输电一期工程"正式开工，利用特高压线路将电力资源从美丽山水电站输送到东南部经济发达地区，满足该地区对电力资源的需求。这项工程在"伟大的变革——庆祝改革开放 40 周年大型展览"中引起了广泛关注。

在发展特高压项目的过程中，我国电工设备制造企业的研制能力、生产能力不断提升。特变电工、西电集团等企业自主研发生产的直流输电设备就在巴西美丽山水电特高压直流输电工程中得到了广泛应用。这说明，随着特高压技术不断发展，我国电工电气企业的国际竞争力必将不断提升。

目前，我国已率先建立特高压输电技术标准体系，该体系由168项国家标准和行业标准组成。在我国电力行业及相关国家机构的努力下，国际电工委员会成立特高压直流和交流输电技术委员会，秘书处设在中国。自此，我国在国际电工标准领域拥有了较大的话语权。

经过中国电网人十多年的不懈努力，如今，我国特高压站上了一个新的起点，未来要朝着高质量、高效率、可持续发展的方向前进，在能源转型过程中发挥积极促进作用。

科技创新与能源革命

"十三五"以来，我国风电项目有序发展，相关技术不断进步，成本持续降低。国家能源局发布的数据显示，2019年第一季度末，全国风电累计并网装机容量达1.89亿千瓦，已达到"十三五"规划目标的90%。其实，早在2012年，我国并网风电装机容量就已超过美国，成为世界第一风电装机大国。

我国发展风电的缘由与许多国家一样，即调整能源结构，发展清洁能源，降低大气污染。但与其他国家不同的是，日渐严重的雾霾加速了我国风电发展进程。2012年冬，雾霾使我国1/4国土面积上近6亿人深受影响。2013年9月，国务院出台《大气污染防治行动计划》，明确提出要尽快调整能源结构。2014年5月，为防治大气污染，国家决定加快大气污染防治行动计划中提到的12条重点输电通道建设，其中就包括"四交四直"特高压工程。同年，中央经济工作会议将转变经济发展方式，调整产业结构放到了重要位置。

2015年，党的十八届五中全会召开，会议通过了《中共中央关于制定国民经济和社会发展第十三个五年规划的建议》，明确提出"创新、协调、绿色、开放、共享"的发展理念，再一次坚定了发展清洁能源的决心。2016年3月召开的"两会"，将"特高压输电"正式列为"十三五"规划重大项目，并将其写入了政府工作报告。2012年至今，从风电到特高压，我国一直在以新技术、新方式探索新能源，推动能源革命的开展。

一、科技创新：推动节能减排

过去几十年，我国电力发展始终坚持"就地平衡"的原则，哪里有需求就在哪里建电厂。因为东中部经济发展速度较快，对电能需求较大，所以这些地区聚集了大量火电厂，环境污染非常严重。经济的高速发展需要消耗大量能源，作为快速发展的发展中国家，我国能源消费在世界排名第二，导致我国绝大多数城市的大气污染物排放已经达到了区域环境质量达标值允许的最大排放量。

对于我国来说，调整能源结构、防控大气污染已经迫在眉睫。特高压电网建设与运营将使这一情况得到极大改善。国家电网公司发布的数据显示，2009—2011年，1000kV晋东南—南阳—荆门特高压交流输电线路累计送电209亿千瓦时，其中华北地区向华中地区输送火电共130亿千瓦时，相当于420万吨煤；华中地区向华北地区输送水电共79亿千瓦时，帮助华北地区减少燃煤消耗255万吨。

特高压电网被誉为"电网高速公路"，在节能减排领域做出了突出贡献，不仅有利于区域经济协调发展，还能使环保空间实现优化利用，提高土地资源利用率，减少煤炭燃烧及二氧化碳排放，真正实现节能减排。

二、能源革命：开启绿色能源之路

受益于"向家坝—上海±800kV特高压直流输电示范工程"，上海成为世界最大的"绿色城市"。据统计，四川向家坝每年要通过这一线路向上海输送350亿千瓦时的水电，减少燃煤消耗1600万吨，减少二氧化碳排放2600万吨。

在中国能源结构中，煤炭占比达到了70%。在全国大力推广清洁能源的形势下，四川地区的水电优势将通过特高压不断放大。目前，我国工业化、城镇化发展速度越来越快，能源消费需求持续增长，节能减排形势非常严峻。在此形势下，我国必须大力推广清洁能源，以保证我国的能源安全，应对气候变化，谋求可持续发展。

要想利用风能、水能、核能、太阳能等清洁能源，最常用的方式就是将其转化为电能。我国的水能资源主要分布在四川、云南、西藏等地，风能主要分布在华北、西北、东北等地和东部沿海地区，太阳能主要分布在西部和北部的沙漠、戈壁滩等地，而能源需求大省主要分布在华北、华中和华东等地。

为满足清洁能源大跨度调运与配置的需求，我国必须建立大容量、远距离的能源运输通道，即特高压电网。为此，加快特高压工程建设也就成了必然之举。2017年底，"四交四直"特高压线路全部投入运营，华北电网初步形成特高压交流网架，京津冀鲁新增受电能力3200万千瓦，长三角新增受电能力3500万千瓦，每年可减少排放96万吨二氧化硫，53万吨氮氧化物和11万吨烟尘，防控大气污染的效果显著。

借西部、北部地区的清洁能源助推东中部地区的能源消费转型，特高压已成为我国经济实现绿色发展的重要渠道。

经济社会的"超级动脉"

从宏观经济层面来看，特高压工程的投资规模比较大，新增就业岗位比较多，在稳定经济发展、普惠民生方面发挥着非常重要的作用。2020年，国家电网公司明确在特高压领域投入1128亿元，这些项目可以带动2235亿元的社会投资，整体投资规模将达到5000亿元。

特高压的产业链非常长，包括电源、电工装备、用能设备、原材料等，环环相扣，具有极强的带动能力。例如，疫情逐渐稳定后，国家电网的特高压项目复工，带动一大批设备制造企业复工。湖南长高高压开关有限公司就是其中的典型，该公司与国家电网公司签订合同，要为"青海—河南特高压项目"提供2300万元的设备。

一、拉动我国经济发展的重要引擎

特高压工程对经济的促进作用是长期的，可带动经济社会高质量、可持续发展。

一方面，特高压将我国的能源中心（西部、北部地区）和负荷中心（东中部）连接在一起，以西部、北部能源支持东中部经济发展，同时让东中部以其他形式反哺西部、北部，既实现资源优化配置，又解决两端的发展难题。对于我国来说，这是均衡区域发展、改善国计民生的重要举措。

另一方面，过去，我国电气设备制造行业一直坚持"引进技术、消化吸收"的发展模式，特高压成套输电设备的成功研制彻底打破了这一模式，从基础研究到工程实践取得了重大突破，完成了从"中国制造"到"中国创造"乃至"中国引领"的转变。作为世界顶尖的输电技术，特高压工程建设不仅能够推动高端装备制造业发展，还能促使国家产业转型升级。

除此之外，特高压技术的发展不只惠及中国。随着我国特高压技术与设备相继"走出去"，特高压还能造福世界。总而言之，作为新基建的重点项目，特高压具有长期竞争力，是我国谋求未来发展的重要技术与工具。

二、未来投资机会与市场空间

（1）新一轮特高压建设已经启动。

2020年1月，国家电网发布2020年重点工作任务计划，明确要在全年完成7条特高压线路的核准工作，3条当年开工，4条预计在2021—2022年开工。建设一条特高压线路一般需要2~3年的时间，所以，随着新核准的特高压线路数量不断增加，未来5年，我国特高压线路长度将持续增长，有望在2025年突破4万千米。

在投资规模方面，我国新一轮特高压项目计划建设12条线路，投资1586亿元。其中，3条线路计划在2020年开工，涉及投资金额共600亿元。具体如表5-2所示。

表 5-2　我国新一轮特高压工程简介及投资规模 [1]

序号	项目	类型	状态	原规划核准时间	投资额/亿元
1	南阳—荆门—长沙	交流	待审核	2019	200
2	张北—雄安	交流	已开工	2018Q4	60
3	驻马店—南阳	交流	已开工	2018Q4	51
4	驻马店—武汉	交流	待审核	2018Q4	50
5	南昌—武汉	交流	待审核	2018Q4	120
6	南昌—长沙	交流	待审核	2018Q4	
7	荆门—武汉	交流	待审核	2018Q4	50
8	青海—河南	直流	已开工	2018Q4	226

---

① 数据来源：国家电网，赛迪顾问整理。

序号	项目	类型	状态	原规划核准时间	投资额/亿元
9	陕北—湖北	直流	已开工	2018Q4	185
10	雅中—江西	直流	已开工	2018Q4	244
11	白鹤滩—江苏	直流	待审核	2019	200
12	白鹤滩—浙江	直流	待审核	2019	200
合计					1586

（2）"一带一路"催生国际合作新机遇。

随着"一带一路"建设的不断推进，以特高压为代表的国际能源合作有望成为我国高新技术"走出去"的典型代表。据统计，目前，国家电网与周边国家合作建成的互联互通输电线路已有10多条，并计划继续推进与俄罗斯、蒙古、巴基斯坦等国家的合作，计划到2030年完成9项跨国特高压输电工程。

三、我国特高压行业重点关注领域

（1）特高压核心设备。

在大力推进特高压建设的过程中，特高压核心设备需求将大幅增长。为此，相关企业要对直流控制保护系统、换流变压器、并联电抗器、主变压器、GIS组合电气等核心设备予以重点关注。从长期发展的角度来看，建议对并联电抗器（1000kV）、变压器（1000kV）等特高压交流输电设备予以重点关注。

（2）原材料领域。

原材料领域的相关技术已经比较成熟，产业化水平较高，资金回笼周期较短，短期内可将硅钢、铜、绝缘材料等视为重点关注领域。

（3）智能电网。

目前，智能电网正处在快速发展阶段。随着电网的智能化水平不断提升，信息通信需求将持续扩大。在电力信息通信领域，可将移动通信网和卫星通信网的相关应用视为重点关注领域。在硬件领域，可将智能电表作为重点关注领域。在电力数据领域，可将电力领域的专业化云平台、国网云、能源大数据视为重点关注领域。在人工智能与区块链领域，可将电网调度、绿色证书、电子发票、光伏补贴等视为重点关注领域。

（4）泛在电力物联网。

目前，泛在电力物联网正处在快速发展阶段，可将传感器、柔性输电技术视为重点关注领域。从中长期看，随着电力物联网不断发展，各区域的信息化与自动化水平将不断提升，电网调度自动化技术和国网信息化建设领域将出现一些投资机遇。

第6章
智慧电网：电力数字化转型

低压用电信息采集

钱江世纪城地处杭州一环中心，与钱江新城拥江而立，从滩涂变良田，从偏僻农村到国际化城区，钱江世纪城成为杭州萧山建设的样本工程。夜晚走在公路上，一眼望去，映入眼帘的是霓虹灯下的一派繁华，很难看到电线杆、电线，以至于让人忽略了其电力设施。

但电无所不在，原来，萧山区供电公司积极打造智慧电网和泛在电力物联网。在地下，该公司利用纵横交错的电缆将变电站与开闭所连接起来，打造了一张四通八达的地下电网。依托该电网，萧山区供电公司可为当地区民与企业提供故障主动抢修、智慧用能建议等优质用电服务。

在故障主动抢修方面，萧山区供电公司安装智能配变终端与低压线路监测终端，从而对配电关键节点用电量、电压、电流等数据进行汇总，实现开关站—配电线路—配电变压器—低压配电线路—用户用电状态的全流程用电监测服务。

当电力设备出现故障时，智能配变终端借助边缘计算技术，快速分析故障数据之后传输给云端主站进行综合研判。这使电力工作人员在用户报修前，就能精准掌握故障位置、原因等，并组织维修团队实施主动抢修，同时，系统主动向受影响的居民发送停电信息，告知居民停电原因与预计恢复时间。

在智慧用能建议方面，萧山区供电公司借助智能配变终端，对家庭、企业等用户用电行为进行分析，从而描绘立体化的用户画像，在此基础上，便可以为用户提供个性化的智慧用能建议。

比如当电动汽车在充电桩充电时，充电桩配备的低压线路终端可实时监测充电负荷、充电周期特性、充电状态等，后台工作人员可一键查看充电桩运行信息，根据用户用电量、充电频率等，完善配电网及充电桩，引导用户安全、有序充电，同时，该过程中节省下来的电力运维成本，可以以优惠活动的形式反馈给用户，从而实现价值共创。

智慧电网指的是电力传输网络体系，也被称为"电网2.0"，最大的特点就是"电力流""信息流"和"事务流"高度交融，可以更好地检测动力消耗，支撑负载平衡，降低动力成本，提高动力输送及运用功率，减少故障发生概率，缩短故障维修时间，提高整个电网的安全性、灵活性，让电商与用户实现双向互动。

在智慧电网的建设过程中，对于电力用户的用电信息采集系统的建设是非常关键的。通过建设好的用电信息采集系统，可以及时、完整、准确地掌握用户用电信息。系统采集的用户用电信息将作为收费依据，牵扯到千家万户的利益，系统的控制功能影响到用户的停电、送电。

低压用电信息采集指的是对电力用户的用电信息进行采集、处理、监控，借助5G（边缘计算）技术，实现用户信息自动采集、用电分析与管理、计量异常监测、相关信息发布、电能质量监测、智能用户设备信息交互、分布式电源监控等功能。

目前，电力用户用电信息采集的主要业务是计量、传输数据，包括终端上传主站的状态量采集类业务以及主站下发终端（下行方向）的常规总召命令，上行流量比较大、下行流量比较小，现有通信方式以230M、无线公网和光纤传输方式为主，各类用户终端使用集中器，主站由省公司集中部署。早期，信息采集每天会布置24个计量点。目前，信息采集主要采用两种，一种是每隔5分钟采集一次，另一种是每隔15分钟采集一次，每天的0点是统一采集点。

未来，随着新业务不断发展，用电信息数据需要实时上报。同时，随着终端设备的数量不断增多，用电信息采集将延伸到家庭，借助5G技术，电力企业有望获取所有用点终端的负荷信息，通过更精细化的方式实现供需平衡，实现错峰用电。例如，目前，欧美等国正在实行阶梯报价机制，需要实时公示电价，让用户可以按需采购。

智能配电自动化

从电流走向来看，电网主要包括发电、输电、变电、配电、用电五个环节。通过对电力行业进行充分调研可以发现，电网对无线通信有着大量潜在需求。在未来的智慧电网中，5G有四大应用场景，分别是智能分布式配电自动化、毫秒级精准负荷控制、低压用电信息采集、分布式电源。

配电自动化是一个综合信息管理系统，融合了计算机技术、数据传输、控制技术、现代化设备及管理等诸多技术与设备，具有诸多优点，比如提高供电系统的可靠性、稳定性，使电能质量更高，提高用户服务质量，降低运行费用，减轻劳动强度。具体来看，配电自动化的发展主要经历了三个阶段：

• 第一阶段：这个阶段是基于自动化开关设备相互配合的配电自动化阶段，使用的设备主要包括重合器与分段器等，无须建设通信网络与计算机系统。一旦电力系统发生故障，就能立即通过自动化开关设备的相互配合对故障进行隔离，恢复供电。但从整体来看，这一阶段的配电自动化系统主要局限于自动重合器与备用电源自动投入装置，自动化程度较低。但目前，在配电自动化领域，这些系统仍在大范围应用。

• 第二阶段：这个阶段的配电自动化系统是以通信网络、馈线终端单元、后台计算机网络为基础构建起来的，既能保证配电网络正常运行，又能对配电网的运行状况进行监控，还能改变配电网的运行方式，及时察觉配电网故障。一旦电网发生故障，调度员就能通过遥控将故障区域隔离开来，恢复供电。

• 第三阶段：随着计算机技术不断发展，在第二阶段配电自动化系统的基础上，通过增添自动控制功能形成了配电自动化系统。配电自动化系统由两大系统组成，一是集配电网SCADA系统、配电地理信息系统、需方管理、调度员仿真调度、故障呼叫服务系统和工作管理等于一体的综合自动化系统，二是集变电所自动化、馈线分段开关测控、电容器组调节控制、用户负荷控制和远方抄表等系统于一体的配电网管理系统，功能有140多种。

目前，最主流的方案就是集中式配电自动化方案，在这个方案中，通信系统的主要功能是传输数据业务，包括终端上传主站的遥测、遥信信息采集、主站下发终端的常规总召、线路故障定位隔离、恢复时的遥控命令等，上行流量比较大，下行流量比较小，主站集中部署在各个地市。

近几年，人们对电力可靠供电的要求不断提升，要求高可靠性供电区域可以实现不间断供电，将供电事故隔离时间缩短至毫秒级，做到区域不停电，这就对集中式配电自动化系统中的主站集中处理能力与时延提出了更加严格的要求。而5G能够保障其通信要求。

所以，未来，在配电自动化领域，智能分布式配电自动化将成为主流发展趋势。智能分布式配电自动化的主要特点是将原来主站的处理逻辑下沉到智能配电化终端，借助5G网络，通过各终端之间的对等通信实现智能判断、分析、故障定位、故障隔离、非故障区域供电恢复等操作，让整个故障处理过程实现全自动化，最大可能地减少故障停电时间和范围，将配网故障处理时间缩短至毫秒级。

精准负荷控制

电力负荷控制系统是一个集现代化管理、计算机应用、自动控制、信息等多学科技术为一体，实现电力营销监控、电力营销管理、营业抄收、数据采集和网络连接等多种功能的完整的系统。一旦电网发生故障，负荷控制就会通过稳控系统切除负荷，保证电网可以维持稳定运行。同时，负荷控制会通过第三道防线的频低压减载装置完成负荷减载，防止电网崩溃。通过稳控装置集中切负荷会产生非常大的社会影响，同时，电网第三道防线措施也会导致用电负荷产生更大面积的损失。

目前，在特高压交直流电网建设过渡阶段，保证电网安全的重要措施依然是安全稳定控制系统建设。为保证直流故障后电网依然能稳定运行，电力企业一般会采用多直流提升、抽蓄电站切泵等方式来平衡电网功率缺损。但如果直流电网发生严重故障，这种方式很难阻滞电网频率跌落，仍需紧急切负荷。

而采用基于稳控技术的精准负荷控制系统，以生产企业内部的可中断负荷为控制对象，既能应对一些紧急情况，还能将社会影响、经济损失降到最低。所以，从目前的情况来看，基于稳控技术的精准负荷控制系统是负荷控制系统的一大创新。

传统配电网络因为缺少通信网络的支持，切除负荷的方式非常直接——切除整条配电线路。如果立足于业务影响、用户体验，电力企业一定希望尽可能减少对用户的影响，希望可以对配电网络进行精准控制，优先切断可以中断的非重要负荷，例如电动汽车充电桩、工厂内部非连续生产的电源等，将对重要用户的影响降到最小。

分布式电源

分布式电源指的是建立在用户端基础上的能源供应方式，可以独立运行，也可以并网运行，主要包括风力发电、太阳能发电、电动汽车充电站、储能设备及微网等。随着我国能源变革不断推进，清洁能源的快速并网与全部消化逐渐成为电网企业亟须解决的问题。

我国分布式电源发展速度非常快，占比以年均1%的速度持续增加。预计到2020年，我国分布式电源装机容量能够达到1.87亿kV，在全国总装机容量中的占比将达到9.1%。在巩固智慧电网发展的过程中，接入分布式能源是非常重要的一个环节。

分布式能源接入电网可产生巨大效益，除了能够节省输电网的投资成本外，还能提高整个电力系统的可靠性，对电网提供紧急功率和峰荷电力支持，同时还能提高电力系统运行的灵活性。例如，在风暴与雨雪天气，电力网络遭到大规模破坏，这些分布式能源可以自己形成孤岛或微网，为交通枢纽、医院、广播电视等重要用户提供应急供电。

但分布式电源并网也给配电网运行的安全性、稳定性带来了一系列挑战。因为传统的配电网设计没有考虑分布式电源的接入问题。分布式电源接入配电网之后，整个配电网的网络结构将发生根本性改变，将从原本的单电源辐射状网络转变成双电源甚至多电源网络，配网侧将变得更加复杂。因为用户可能是用电方，也可能是发电方，电流将呈现出双向流动、实时变化等特点。所以，配电网亟须发展5G和区块链等新技术、新工具，比如分布式电源监控系统，以提高配电网的运行效率、稳定性、灵活性。

分布式电源监控系统可以对分布式电源进行监视、控制，由分布式电源监控主站、分布式电源监控子站、分布式电源监控终端和通信系统等部分组成，具备多种功能，例如数据采集和处理、有功功率调节、电压无功功率控制、孤岛检测、调度与协调控制及与相关业务系统互联等。

综上所述，在智慧电网的各种应用场景中，不同场景下的业务要求具有较大的差异，这些差异主要体现在不同的技术指标要求上。电力运营企业与网络设备商应根据这些技术指标要求对电网的技术指标与架构设计进行量化，包括对 5G 网络切片的安全性要求、业务隔离要求、端到端的业务时延要求进行量化，对网络能力开放要求与网络管理界面进行协商，对商业合作模式与未来的生态环境进行探讨，为电力企业提供能够满足多场景、差异化要求的解决方案，并进行技术验证与示范。

第四部分
城际高速铁路和城际轨道交通

第7章

城际高铁：迈向交通强国之路

高铁经济：重塑城市格局

近年来，我国城市化进程日渐加快，广大民众出行需求迅猛增长，然而我国交通基础设施的不均衡、不充分发展，并不能使这些需求得到很好的满足，进而影响了人们的获得感、幸福感。这种背景下，加快构建布局合理、覆盖广泛、高效便捷、安全经济的现代铁路网络尤其是高速铁路网显得尤为关键。

大力推进中国高铁建设，不但有助于提高交通效率，降低人们出行的时间成本，还能强化城市综合发展能力，推进城市协同发展，促使我国城市整体转向高质量增长阶段。

一、高速铁路影响城市人口的分布

人们在选择居住地时，会综合考量交通成本、住房成本、生活便利性等，而城市中心区域往往拥有更为完善的基础设施，是人们的理想居住地。但城市中心区域居住空间有限，高昂的生活成本使很多人只能望而止步，但如果居住的位置太过偏远，每天过高的出行成本，又会显著降低人们的生活质量，这让很多在城市奋斗的年轻人感到非常苦恼。

而高铁的出现为解决这一问题提供了新的思路，高铁较高的运行速度、相对较低的票价，可以让居住在城市郊区甚至乡镇的人快速、低成本地到达城市中心区域，大幅度提高人们日常生活的可达范围。因此，当城市内有了四通八达的高铁网后，很多在城市中心区域无法安家的居民可以选择在靠近地铁站的郊区安家。

二、高速铁路影响着城市经济的发展

（1）建设高铁能够直接为城市带来巨大的经济效益。

以京沪高铁为例，京沪高铁2008年开工当年完成投资共552亿元，刷新了中国铁路单一项目完成投资纪录。根据定额测算分析，完成该规模投资将产生200多万吨钢材、1200多万吨水泥、10多万吨外加剂需求，并创造近60万个就业岗位。更为关键的是，高铁产业链包含了上游铁路基建环节、中游整车制造和机械设备环节以及下游信息系统环节，推进高铁建设，可以带动机械、冶金、电力、信息、橡胶、计算机、精密仪器、合成材料等一系列相关产业发展。

（2）高铁可以有效加快核心城市经济圈的发展速度。

高铁能够缩短城市时空距离，增进城市间的交流合作，有效加快信息、技术、人才、物质资料等经济要素的流通效率。美国、日本、中国等多个国家的高铁发展实践证明，高铁覆盖范围内的城市在经济、文化等方面的联系会更加紧密，距离较近的城市甚至会形成相互依靠的产业经济圈，从而加快形成核心城市经济圈。

三、高速铁路影响着城市形态的形成

在城市发展过程中，其空间组织形态在不断变化，早期的城市空间组织形态通常呈独立分散型结构，之后演变为单中心结构，接着是多中心结构，最后将是实现区域空间一体化的网络结构。城市整体及各个组成部分（如工业区、住宅区、商业区等）在空间地域中的分布形状被称为城市形态。

城市形态变化是多种因素综合作用的结果，除了交通运输方式变化外，自然环境变化、政府部门的政策调整等，也会影响城市形态变化。而交通方式的进步正是促使城市形态变化的重要驱动力。通常情况下，公路会使城市结构更加稀疏松散，而铁路会使城市结构更加紧密。

同时，高铁也会影响沿线政府的发展政策。举个例子，高铁项目开始建设时，沿线地方政府都会给予高度重视，并分析高铁项目建成后会对城市发展带来的影响，以便进一步完善城市发展政策，充分利用高铁带来的红利。

四通八达的交通网络

城际高速铁路即城际高铁是指满足相邻城市之间开行城际列车、运行城际旅客需求，采用高标准设计，且能让列车安全高速行驶的铁路系统。城际高铁包括单式城际高铁与复式城际高铁两大类。其中，单式城际高铁连接的是两个城镇，而且仅服务两个城镇间的出行需求（如沈抚城际铁路、京津城际铁路、广深城际铁路等）；复式城际高铁是指连接多个城镇，而且同时服务多个城镇间出行需求的高铁。

城际高铁是连接城市的重要交通运输方式。为了更好地推进城际高铁建设，我们首先需要理清城际高铁的相关概念。

一、城际高速铁路的定义

（1）广义上的城际高铁指的是城际高速铁路系统，它包括城际高铁基础设施子系统、城际铁路列车运行子系统及运输产品与运输服务营销子系统。

（2）狭义上的城际高铁指的是在客运专线上开行的、跨区域连接多个城市的城际列车，或者是列车以公交化开行的、满足发达经济区内客运需求的城际高速铁路系统。

二、城际高速铁路的功能

城际高铁/高速列车是指在城际高速铁路上开行的高铁/高速列车。有的学者认为，城际高铁列车是指在连接两个城市的铁路线上运行，且运行时间在4小时以内的高铁列车。这种定义重点强调了城际高铁的开行时间特性，属于一种狭义上的高铁列车。而广义上的城际高铁列车包括了所有在城镇之间开行的、列车设备符合相关标准的高铁列车。

从线路距离方面，城际高铁列车可以分为区域经济圈内的城际高铁列车与跨区域连接多个城市的城际高铁列车；从运输服务类型方面，城际高铁列车可以分为城际客运高铁列车与城际货运高铁列车；从开行时间间隔方面，城际高铁列车可以分为城际普通高铁列车与公交化城际列车等。

三、发展城际高速铁路的必要性

我国在城市化建设方面取得的惊人成就既体现了中国经济社会的现代化发展，又体现了中国产业结构的优化升级。围绕经济发达城市，我国形成了七大城市群，即京津冀城市群、长三角城市群、粤港澳大湾区、成渝城市群、长江中游城市群、中原城市群、关中平原城市群。而这些城市群又形成了区域经济，这使区域内的生产要素的配置更为科学合理，区域内城市实现组团式发展。

想要推动城市化发展，需要投入海量的人力、物力等资源，而完善交通基础设施是城市化发展的关键所在。改革开放以来，我国交通基础设施建设取得了累累硕果，初步形成了覆盖全国的铁路、水运及航空的综合运输网络，为我国提高生产要素配置效率，推动产业结构优化，缓解区域间不平衡发展等带来了巨大推力。

但需要指出的是，我国现有的交通基础设施规模、技术水平、服务品质等仍有很大的提升空间。很多城市的运输能力、运网规模等并不能满足市民出行需要，从而限制了城市经济社会的进一步发展。尤其是京津冀、珠三角等实现多个城市组团式发展的城市群，更需要建设高水平的交通基础设施网络。

从美国东北部大西洋沿岸城市群、日本太平洋沿岸城市群、北美五大湖城市群、欧洲西北部城市群等世界知名城市群体的发展经验来看，发达城市群内普遍配备了涵盖高速铁路、高速公路、航道、运输管道、通信干线、电力输送网、给排水管网体系的区域性基础设施网络；每一个城市群内的产业与城镇密集分布的走廊都是利用完善的交通、通信网络相连接。

然而打造并运营区域交通网络并没有通用的模板，城市管理者需要结合城市的历史、经济、地理、技术、资源等多种因素制定相关方案。公安部公布的数据显示，2019年全国汽车保有量达2.6亿辆，其中私家车保有量突破2亿辆，全国已有66个城市汽车保有量超过百万辆，30个城市超200万辆，北京、成都、重庆、苏州、上海、郑州、深圳、西安、武汉、东莞、天津等11个城市超300万辆。

如此庞大的汽车保有量对石油资源的消耗是非常惊人的：我国是世界上最主要的石油进口国，目前我国原油对进口的依赖程度超过70%。这种背景下，对交通运输结构进行优化调整，大力发展运输能力强大、节能环保的高速铁路是很有必要的。

国家发展改革委发言人在2020年1月19日举办的新闻发布会上表示，

未来将着力推进项目实施，加大对重点城市群、都市圈城际铁路、市郊铁路和高等级公路规划建设。可以预见的是，在国家相关政策鼓励、地方政府大力支持的利好条件下，我国城际高速铁路建设有望迎来新一轮快速增长期。

融资渠道与建设路径

城际高铁项目具有投资成本高、工程周期长、投资回报周期长的特点，如何有效解决其资金问题成为政府部门面临的一个重要问题。在城际高铁项目融资过程中，政府部门不但要充分利用好银行等传统融资渠道，还应积极创新，尝试一系列现代融资方式，有效拓宽资金来源。

城际高铁项目兼具公益性与商业性，因此，建设这类项目时，可采用铁路公司、地方政府、投资机构联合投资的方式。结合我国当前的投融资体制现状，城际高铁项目融资可采用以下几种措施，如图7-1所示。

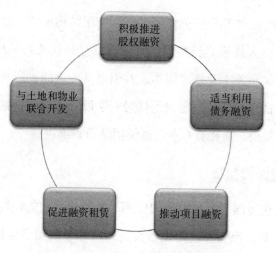

图 7-1　城际高铁项目融资的具体措施

一、积极推进股权融资

目前，我国铁路资产负债率较高，而实施股权融资可以降低负债率，在同等负债率水平下实现更大规模的融资，而且还能帮助铁路公司建立并完善现代企业制度，有力推动其品牌建设等。因此，股权融资不失为城际高铁项目的一项有效融资手段。在融资实践过程中，融资单位可采用私募、A股公开发行上市、H股公开上市等方式。

二、适当利用债务融资

城际高铁项目债务融资主要是利用国家开发银行与建设银行的政策性、投资性贷款及发行铁路债券。国家开发银行还可以发起成立银团，然后通过银团为城际高铁项目贷款，从而解决其资金问题。需要注意的是，在城际高铁项目债务融资过程中，融资单位尤其需要注意控制融资成本，比如可以采用银行贷款、出口信贷、银团贷款、企业债券等多种债务融资方式相结合的融资方式。

三、推动项目融资

项目融资是一种非公司负债型融资，信用结构灵活、多元化，可为城际高铁项目提供大规模、长期限的贷款。城际高铁项目采用项目融资时，可以充分利用民间资本及外部资本，并引进其先进的投资管理模式，可谓是解决城际高铁建设资金问题的绝佳融资手段。不过项目融资的难点在于操作程序相对复杂，需要有专业的融资团队负责推进。

四、促进融资租赁

融资租赁在美国等发达国家的应用非常普遍，它能让资金需求方在资金短缺的情况下，租赁先进的设备设施，从而解决项目建设与运营难题。对于城际高铁项目融资而言，融资单位可以租赁的设备设施主要有动车组、建设工程设备、运营移动装备等。

五、与土地和物业联合开发

修建城际高铁将会有效推动沿线土地与物业的价值增值。目前，多个案例已经证明了将沿线物业综合开发与城际铁路建设相结合来解决后者资金问题的可行性。实践中，地方政府可以给予房地产商在铁路交通运营线路、在建线路、规划线路等沿线开发房地产项目的优惠条件，来吸引房地产商投资。招商成功后，地方政府再将土地出让收入投入城际高铁项目中，便可解决其资金难题。

迈向交通强国新征程

与普通铁路相比，高速铁路需要更为复杂先进的科学技术，所以，加快城际高铁建设必然需要我国增强技术创新能力。

长期以来，我国大部分领域的技术主要采用"引进—消化"的发展模式，诚然这种模式可以缩短技术研发周期，但因为核心技术难以引进，导致我国很多关键领域核心技术缺失，对产业发展造成了较大的负面影响。具体到发展高铁技术方面，我国政府需要结合高铁研发制造现状，加快培育并完善高铁技术市场，逐渐减少对进口核心部件与装备的依赖，最终打造成熟完善的高铁技术体系。

为了确保高铁技术创新具有可持续性，我国政府还要研究制定高铁技术创新政策与发展规划，并加快科技成果转化，利用高铁产业创造的经济效益反哺技术创新。

一、城际铁路发展战略的策略和准则

城际高铁投资成本极高，相关项目建设完成后，如果不能发挥预期作用，会造成严重的资源浪费。因此，在宏观视角上，城际高铁应该与其他交通运输方式协调发展，避免浪费国家资源；而在微观视角上，城际高铁应该与其他运输方式形成良性竞争，从而借助市场的调节能力，提高城际高铁的服务质量，让乘客以更低的成本获得更为舒适的出行体验。

具体而言，我国推进城际高铁建设过程中应该遵循以下基本原则，如表7-1所示。

表 7-1 我国推进城际高铁建设的基本原则

序号	基本原则
1	致力于打造满足民众需求的优质运输产品与品牌
2	树立提供优质综合服务的营销理念
3	积极引进现代管理模式
4	适应铁路体制改革

二、我国推进城际铁路发展的政策建议

基于上述分析，并结合笔者对国内外城际高铁发展过程的观察与思考，对我国城际高铁提出了以下几点建议，如表7-2所示。

表 7-2 我国推进城际铁路发展的政策建议

序号	政策建议的具体内容
1	国家有关部门应该加快完善城际高铁方面的投融资机制，推出更多有利于城际高铁建设的利好政策，确保城际高铁项目得到足够的资金保障
2	地方政府应将城际高铁建设融入城市发展规划中，为城际高铁项目落地以及城际高铁与其他交通运输方式的衔接奠定良好基础
3	地方政府在推进高铁建设时，应坚持统筹规划、分步实施、协调发展的发展战略，并积极开展管理体系创新
4	铁路企业应建立现代企业制度，将自身打造为充满活力与竞争力的新型运输企业

第8章

城市轨道：引领智能交通革命

城市轨道交通类型

按照不同的标准，我们可以将城市轨道交通划分为不同的类型，比如：从线路物理高度方面，我们可以将其分为地下铁路交通、地面铁路交通、高架铁路交通等；从轨道类型方面，我们可以将其分为独轨铁路、轻轨铁路、重轨铁路；从运输能力方面，我们可以将其分为小运量系统、中运量系统及大运量系统；从车辆运行导向方式方面，我们可以将其分为胶轮导轨系统、胶轮单轨系统、钢轮双轨系统；从线路开放性方面，我们可以将其分为线路开放型轨道、线路半开放型轨道、线路封闭型轨道等。

通常我国是根据轨道类型对城市轨道交通进行分类，主要分为地铁、线性地铁、轻轨铁路、有轨电车、独轨铁道、自动导轨交通系统与磁悬浮交通系统等。在城市轨道交通中，应用较为广泛的主要是地铁、轻轨、有轨电车、独轨铁道等。

那么，政府部门应该怎么规划城市轨道交通呢？如果没有做好城市轨道交通规划，很容易导致资源浪费、交通拥堵等问题。从实用性角度来看，为满足市民出行需求，城市管理部门可以从运输能力角度进行交通方式规划，比如市民出行需求旺盛时，城市管理部门就可以考虑运输能力强大的地铁。地铁是一种容量较大的轨道交通系统，其高峰小时单向最大客运量为3万～7万人次，但其投资成本高，工程难度大、周期长。

如果对运力要求不是很高，城市管理部门可以修建轻轨或有轨电车。轻轨与有轨电车是一种中等容量的轨道交通系统，其高峰小时单向最大客运量为1万～3万人次，车辆轴重较轻，降低了对轨道载荷的要求，而且建设成本较低，通常仅有地铁的一半左右。

如果对运力要求较低，城市管理部门可以修建独轨交通。独轨交通是一种由架空的单根轨道构成的铁路，其高峰小时单向最大客运量为0.5万～2万人次，发车时间较短，避免了顾客长时间等车的烦恼，而且建造成本比轻轨和有轨电车还要低。

地铁、轻轨、有轨电车、单轨铁路等通常是用来满足城市内部的交通出行的，其运输线路相对较短，为了安全考虑，在通行条件复杂的城市环境中，它们的运行速度也相对较低。而市郊铁路主要是为了满足城市与近郊、远郊及卫星城的交通出行，其运输线路相对较长，通常为几十千米到数百千米，站间距离为10～20千米，运行速度普遍较快，往往在120千米/小时以上。

为进一步提高乘客出行便利性，部分市郊铁路可能与高铁相连通，以京津城际铁路（Beijing–Tianjin Intercity Railway）为例，该市郊铁路连接了京沪高铁，全线长166千米，设7个站点，运行时速高达300千米/小时。

地下铁路交通

地下铁路交通即地铁，是一种重轨交通系统。我国的地铁车型分为A型、B型、C型及L型。大部分地铁是在地下运行，部分线路的部分路段是在地面或高架上运行。地铁主要由电力驱动，线路为全封闭状态，地铁信号系统自动控制信号，具有舒适、安全、无污染、运力强、节约城市土地资源等优势。不过地铁也有一定的劣势：除前文所提到的建设周期长、建设成本高外，发生地震、火灾等灾害时，运营单位很难在短时间内疏散地铁内的旅客。

地铁供电方式主要是接触网供电与第三轨供电，采用直流750～1500V的高压电。为保障乘客安全，地铁管理人员严禁乘客进入地铁轨道系统。早期地铁信号控制系统采用地面信号系统，目前已经发展成为集成列车自动监控系统、自动防护系统、自动运行系统等多种系统的综合性系统。

2019年5月16日，由天津中车唐车轨道车辆有限公司研制的我国新一代智能B型地铁首次出现在第三届智能大会上。新一代智能B型地铁将实现一种全新的无人驾驶功能，即在控制中心的统一控制下实现全自动运营：每天从早上列车的唤醒、准备、自检、出库到全天的运行，包括停车、开关车门，以及晚上回库、清洗、休眠，全部可实现无人操作。在列车运行过程中，运行状态、参数将实时反馈到控制中心，一旦发生任何异常及故障，智能化系统将第一时间通过分析找到有效解决方案。

从列车控制视角来看，地铁控制系统与高铁列控系统存在诸多相似之处。由于地铁位于地下较深的位置（地下十几米甚至几十米），整个地铁空间是一个封闭的管道系统，除了进出口外，该系统往往与大气隔绝，而人的活动以及车辆运行会产生大量热能，如果不能将这些热能排出，会影响地铁空间的空气质量，从而显著降低乘客乘坐安全性。

此外，当地铁出现火灾时，密闭的地铁空间内将会快速充满浓烟，从而威胁人的生命安全。因此，为了确保乘客乘坐地铁的安全性与舒适性，必须为地铁设置通风与环境控制系统，该系统主要由地铁风亭、防排烟系统、阻塞通风、空调通风设备等部分构成。

与常规铁路轨道一样，地铁轨道也采用1435毫米轨距，钢轨为重型钢轨，道床以混凝土整体道床（用混凝土把框架浇筑在一起的道床形式）为主。在地铁交通系统中，地铁站无疑是一个关键组成部分，而地铁站的设计主要考虑的是旅客需求与城市发展状况。

本质上，由于地铁是用来输送旅客的交通工具，出于减少公共资源浪费等方面的考虑，地铁管理人员不允许乘客无故在地铁内长时间停留。再加上地铁本身不是购物中心等休闲娱乐场所，花费极高的成本用来装修地铁是不合适的。

从运营性质角度看，地铁站主要包括中间站、尽头站、折返站与换乘站。从外观角度看，旅客乘降站台可分为侧式站台与岛式站台，其中，岛式站台应用尤为广泛。为了方便乘客上下车，上下行列车停靠时，将停靠在站台的两侧。

地铁车辆采用电动车编组，这种车辆装备电机后便可以自动行驶。驾驶室被设计在地铁列车的两端，编组辆数为4～8节，车厢宽度为3米。从地铁运行特性角度上，地铁车辆需具备停车制动距离短、加减速度快等优势。为降低火灾发生概率，地铁车辆在选材时普遍使用难燃或阻燃材料。

现代有轨电车

有轨电车是一种由电力驱动，行驶在轨道上的轻型轨道交通车辆。1879年，德国工程师维尔纳·冯·西门子（Ernst Werner von Siemens）在柏林的博览会上首先尝试使用电力带动轨道车辆。1887年，匈牙利的布达佩斯率先创立了首个有轨电车系统。到20世纪初时，有轨电车在欧洲、亚洲、美洲、大洋洲的部分城市成为当地的一种主流交通工具。不过由于私家车、公交车以及其他路面交通的不断发展，1950年，有轨电车在部分城市遭到淘汰。

然而，城市车辆的快速增长引发了环境污染、交通拥堵等一系列问题。为解决这些问题，有轨电车在很多城市再次兴起。新技术、新材料、新工艺的应用，使传统有轨电车升级为现代有轨电车，这也使得有轨电车的低成本、无污染、便捷舒适等优势更为突出。

从车辆地板高低程度来看，有轨电车车辆可分为高地板有轨电车与低地板有轨电车两种。由于低地板有轨电车的地板与路面距离很短，比较方便残疾人、老年人及儿童上下车，所以，目前各城市内的有轨电车以低地板有轨电车为主。

从供电方式上看，有轨电车主要包括接触轨与架空接触网式有轨电车。其中，接触轨有轨电车将轨道作为回流线进行供电；架空接触网式有轨电车则利用接触网与车辆上的受电弓接触来为车辆供电。

从轮轨制式上看，有轨电车主要包括钢轮钢轨有轨电车与胶轮导轨有轨电车。胶轮导轨电车系统采用橡胶轮胎承重，由嵌入轨道的导向轮来控制车辆方向，车辆运行稳定性较差；与之相比，钢轮钢轨有轨电车运行较为稳定，即便一条轨道损坏，仍可以保证车辆正常运行。

现代有轨电车高峰小时单向最大客运量为每小时1万～1.2万人次，运输能力强于公交车，但弱于轻轨。有轨电车在爬坡方面表现良好，最高可爬上60‰的陡坡。有轨电车运行灵活性较高，这很大程度上得益于其较小的转弯半径（最小转弯半径在30米以下）。

模块化设计是有轨电车车辆的一大优势：运营单位可根据实际运输需求，增加或减少车辆（车辆之间采用铰接的连接方式），而且车辆的检修维护成本也非常低。现代有轨电车的设计不但考虑了功能性、安全性，还重视人性化，充分考虑了乘客乘坐舒适性以及环保性等。

现代有轨电车投资成本低，每千米造价仅有轻轨的1/3；运营费用较低，缩短了投资回报周期；能耗低，仅为公交车能耗的1/4。建设现代有轨电车线路主要包括以下三种路径，如表8-1所示。

表 8-1 建设现代有轨电车线路的路径及优势

建设路径	建设优势
改造原有废弃铁路	对原有废弃铁路进行改造，实现闲置资源的再利用。这种建设方式投资成本较低，而且提高了轨道、土地等城市资源利用率
新建有轨电车线路	建设单位结合城市特性、市民出行需求等设计有轨电车线路建设方案，经过充分研究论证后实施建设。这种建设方式可以最大程度地满足乘客出行需要，而且能与城市环境融为一体
与干线铁路共享轨道	这种建设方案增加了干线铁路的可达性，能够有效解决城市交通最后一公里问题，同时，它拓展了有轨电车系统的服务能力，使市民出行更为方便快捷

城市轻轨交通

轻轨是在有轨电车的基础上改造而成的城市轨道交通系统。轻轨采用电力牵引、轮轨导向，在专用行车道上行驶。1978年3月，在比利时首都布鲁塞尔召开的国际公共交通联合会议上，轻轨被命名为"Light Rail Transit"，翻译为中文就是"轻轨"，简称LRT。

在日常生活中，很多人会将轻轨、地铁及现代有轨电车的概念混淆，而且城市轨道交通专家对这些概念的认识也不统一，比如有些专家会将轻轨、有轨电车看作同一种交通方式。事实上，这三种交通方式是存在明显差异的：地铁通常是在地下运行，少数情况下在地面或高架上运行；轻轨通常是在高架上运行，少数情况下在地面上运行；有轨电车大部分位于地面，少数情况下穿行立交桥或跨越河流。而且这三种交通方式的运输能力也有较大差异。

但在实际建设过程中，部分城市会将三者的建设标准混合使用，比如有些城市会采用地铁的建设标准来建设轻轨。在三种交通方式同时存在的城市（如上海），可能会将这三种交通方式统称为"轨道交通"。

轻轨具有投资成本低、运输能力强、运营管理难度低等优势，大型城市可用其完善城市轨道交通网络，中小城市可将其作为城市轨道交通网络主干线。

轻轨轨距为1435毫米，其轨道通常是在桥梁上铺设道砟。在供电方面，轻轨建设单位需要在高架桥一侧架设接触网，车辆运行时，其顶部的受电弓将与接触网连通，从而让车辆获得电能。

轻轨车站通常采用高架站与侧式站台的形式，车站结构主要有钢筋混凝土框架结构、桥梁式结构、框架+桥梁式结构三种。三种结构中，钢筋混凝土框架结构占地面积最大，客流量最大；桥梁式结构占地面积最小，客流量最小。

1904年，中国第一条轻轨抚顺电铁正式开通运营，后续又出现了长春轻轨、津滨轻轨、大连轻轨等多条轻轨线路。抚顺电铁不但是我国最早的一条轻轨，它对我国轨道交通发展也产生了非常积极的影响。在我国城市与矿山的电气化铁路建设过程中，抚顺电铁从技术、人才、运营等方面提供了强有力支持。

城市独轨交通

与地铁、现代有轨电车、城市轻轨交通相比，城市独轨交通在结构形式、走行原理等方面有较大差异。比如上述三种城市轨道交通方式都是车辆在轨道的两根轨道上行驶，而城市独轨交通的车辆是在单根轨道上行驶。根据车辆在轨道位置上的差异，车辆在轨道上方时，被称为跨座式独轨交通；车辆悬挂在轨道下方时，被称为悬挂式独轨交通。

跨座式独轨交通的轨道通常是在预应力钢筋混凝土梁上铺设钢轨，轨道结构由轨道梁、支柱、道岔构成。其中，支柱有"T"形、倒"L"形、门形三种类型。

跨座式独轨交通的车辆是电动车组，编组方式主要有四节车组、六节车组及八节车组。转向架是跨座式独轨交通的核心部件，它也是车辆的走行部分，以二轴转向架为主，上下两侧安装了两个导向轮、两个稳定轮。转向架与车轴直连，每根车轴都配备了一台交流牵引电机。同时，每根轴上安装了两个走行轮，两个走行轮一前一后沿着轨道滚动，四个导向轮与两个稳定轮垂直轨道滚动。列车行驶时，走行轮始终与轨道梁顶面接触。

上述车轮皆为充满氮气的橡胶轮，具有很强的缓冲能力。其中，走行轮主要缓冲的是车辆的竖向振动；导向轮与稳定轮主要缓冲的则是横向振动。

悬挂式独轨铁路的轨道架设在支柱上方，车轮在车厢上方，其走行部分包含四个走行轮与四个导向轮，利用牵引电机提供动力。悬挂式独轨铁路的轨道梁借助一定跨距的钢支柱或钢筋混凝土支架架设在空中，车辆悬挂在轨道梁下方运行。

与其他城市轨道交通方式相比，城市独轨交通的技术复杂性较低，运行速度较快，占用城市土地资源较少，而且与地面交通隔绝，不会陷入交通拥堵。

此外，城市独轨交通对地理条件要求低，通常建设单位在地面建立直径为1.2～1.5米的钢筋水泥圆柱作为支柱，然后在支柱上建立轨道（与地面距离为7～19米），即可开辟一条独轨交通线路。

建设城市轨道交通线路时，建设单位如果将轨道架设在城市现有道路中央分隔带上，根本不需要拆除地面建筑，也不需要实施管线迁改工程，从而可以大幅度缩短建设周期，并降低建设成本。

目前，城市独轨交通主要用于满足城市中心区与卫星城之间的出行需求，以及城区与码头、机场等郊区设施的干线运输需求。部分城市还将城市独轨交通设计为城市观光游览线路，为外地游客提供俯瞰整个城市的良好体验。不过独轨交通也有一定劣势，比如：因使用橡胶轮胎增加了能耗，其能耗比地铁高50%；因为轨道架设在高空，如果遇到事故，救援难度较大；等等。

自动导轨交通

AGT（Automated Guideway Transit，自动导轨交通）系统是利用计算机控制自动运行的城市轨道交通方式，它通过导轮轨引导方向，行驶在两条平行的轨道上。20世纪60年代，美国西屋电气公司（Westinghouse Electric Corporation）研发了世界首个自动导轨交通系统。不久后，法国、日本等国家也开发出了自动导轨交通系统，并在多个城市投入使用。

不过，不同国家对自动导轨交通系统的称谓有所不同，如：日本为了体现该系统应用了自动化技术而将其称为新交通系统，而法国将其称为VAL（Vehicle Automatique Leger，轻型自动化车辆）系统。

无人驾驶是自动导轨交通系统的一大重要特征。自动导轨交通系统的核心技术主要有导轨技术与自动控制技术。导轨导向有中央导向与两侧导向两种类型。其中，中央导向是指导轨位于轨道中间位置，并通过接触车辆底部安装的水平轮进行方向控制；两侧导向是指导轨位于轨道两侧位置，并利用走行轮与两侧导轨接触来控制车辆方向。

自动导轨交通系统以高架式的钢筋混凝土长条形板带为轨道，这种轨道非常适合采用橡胶轮的车辆。车辆通过直流750V的外部电源供电。目前，主流的自动导轨交通系统包括三类，即SLT（Shuttle / Loop Transit，穿梭/环路式轨道交通）系统、GRT（Group Rapid Transit，集体轨道交通）系统、PRT（Personal Rapid Transit，个人轨道交通）系统。

SLT系统复杂程度最低，可细分为穿梭式捷运系统与环式捷运系统，两种系统在路线中途均可设置站点。穿梭式捷运系统车辆车厢容量大，可容纳100人左右，因其像高楼中的自动电梯一样沿着固定线路循环行驶，而被称为"水平电梯"。环式捷运系统与穿梭式捷运系统的主要区别在于，它是沿着环状路径绕圈行驶。

GRT系统使用的车厢是中型车厢，容量为1~70人，主要用于运输出发点与目的地相同的群体乘客，班次设置较为密集（两班间隔为3秒到1分钟）。PRT系统使用的车厢是小型车厢，容量为2~6人，由于它运行在复杂的路网中，需要利用先进的计算机对车辆进行自动化控制，并利用道岔进出干线来运载乘客。

SLT系统是三种自动导轨交通系统中应用最为广泛的系统，尤其适合在登机厅与机场主楼之间，以及游乐场、大型社区内部运输乘客。

整体来看，由于自动导轨交通系统运量相对较低，自动化程度极高，运营非常灵活，运营单位可根据乘客数量安排车辆发车间隔。同时，该系统的车辆因使用橡胶车轮而具备较强的爬坡能力，而且能通过小半径曲线，对地形条件要求较低。

第五部分
新能源汽车充电桩

第9章

充电桩：新能源汽车时代来临

新能源战略与充电桩建设

自工业革命以来，人类以资源环境为代价谋求经济发展，虽取得了显著成就，却也引发了一系列问题：全球变暖导致极地冰川融化，海水温度升高改变洋流效应，旱灾、蝗灾、火灾、暴雨、疫病……面对地球敲响的警钟，世界各国都在寻求建立人与自然和谐发展的新模式。调整产业结构，提高能源利用率已成为公认的有效措施。

为此，我国提出新能源战略，发展新能源汽车是这一战略的重要方向。目前，新能源汽车以电动汽车为代表。为促使电动汽车实现产业化，我国必须加快充电设施的建设与完善。正如传统能源汽车与加油站一样，电动汽车与充电设备也是相辅相成、相互促进的关系。

当前，电动汽车有两种能源供给模式，一是自充电模式，二是换电池模式。在国际范围内，这两种模式已得到不同程度的尝试与应用，其中自充电模式的研究比较多，换电池模式略逊一筹，但也得到了一定的关注。具体来看，自充电模式又可以分为两种类型，一是常规充电，二是快速充电，但无论哪种充电模式都要用到一个设施，就是充电桩。

如果将电动汽车比作人体，充电桩就是一个外置的心脏。从结构上看，充电桩主要由桩体、电气模块、计量模块等部分组成，具备电能计量、计费、通信、控制等功能。

一、充电桩类别及功能

如果你驾驶一辆电动汽车到充电桩前，充电桩会先识别汽车的电压等级，然后再进行充电。就像驾驶一辆传统能源汽车去加油站，工作人员会询问加什么型号的汽油一样。充电桩的工作原理非常简单，蓄电池放电后，让直流电按照与蓄电池放电电流相反的方向流入蓄电池，使其恢复工作能力，这个过程叫作蓄电池充电。充电过程中，电池正极连接电源正极，电池负极连接电源负极，充电的电源电压必须高于电池的总电动势。

按照充电方式，充电桩可以分为两种类型，一类是直流充电桩，另一类是交流充电桩。直流充电桩就是所谓的"快充"，通过电力电子相关技术对交流电进行变压、整流、逆变、滤波等处理，最终得到直流输出，获得足够的功率直接对电动汽车的电池进行充电。直流充电输出的电压、电流可进行大范围调整，切实满足快充要求。交流充电桩就是所谓的"慢充"，通过标准的充电接口与交流电网建立连接，通过车载充电机为电动汽车的电池充电。

电动汽车使用的锂电池必须使用直流电充电，直流充电桩可直接将电能从交流电转变为直流电，实现快速充电。而使用交流充电桩充电，必须利用车载充电器完成从交流电到直流电的转换过程。因为车载充电器的功率比较小，所以充电速度会很慢。假设使用直流充电桩1小时能够完成充电，使用交流充电桩则需要6～7小时。

未来，随着充电技术不断发展，在普通直流电充电桩的基础上还将衍生出无线充电技术、电池更换技术、充电堆技术等众多新型充电技术，使电动汽车的充电速度与效率得以进一步提升。

二、主要充电连接器标准

新能源汽车的充电器有三种标准，分别是国标（GB/T）、CHAdeMO接口、CCS充电，如表9-1所示。

表 9-1　新能源汽车充电器的三种标准

充电器标准	应用情况
国标（GB/T）	我国的充电口国标（GB/T）智能在国内使用，规定交流额定电压不超过440V，频率50Hz，额定电流不超过63A，直流额定电压不超过1000V，额定电流不超过250A
CHAdeMO接口	CHAdeMO接口是经国际电工委员会（IEC）批准的电动车快充的国际规格，在全球应用范围最广，主要应用于日系车。这种直流快充插座可以提供50kV的充电容量，最高功率62.5kW
CCS充电	CCS充电主要在美国、欧洲应用。CCS充电方式与Combo方式相似，对交流电、直流电的普通充电与快充进行了整合，这样一来，一辆车只需配备一个充电接口就能满足所有规格的电源使用

三、充电桩App

对于电动汽车的车主来说，充电桩App是必备软件，不仅可以用来寻找充电桩，还能提高充电桩的使用效率，其功能具体如表9-2所示。

表 9-2　充电桩 App 的主要功能

序号	主要功能
1	通过地图定位可视范围内充电桩的位置，为车主提供导航服务
2	根据车主的出行计划选择快充还是慢充
3	显示充电桩的状态，为车主提前预约充电桩
4	显示充电桩的运营商、收费说明，支持车主通过支付宝、微信付费
5	支持车主对使用过的充电桩或充电桩进行评价交流
6	支持私人充电桩接入，供其他车主使用，所有者可获得一定的收益
7	支持用户对各项信息进行查询与管理，如用户状态、消费记录等

四、充电桩管理平台

充电桩有两种建设方式：一种是集中建设，数量较多，需要请专业人士维护、管理、运营；另一种是分散式建设，就是在固定地点建设一个或几个供私人使用的充电桩，采用这种方式建设的充电桩比较分散，巡检、维护成本都比较高。

随着电动汽车市场越来越火爆，充电桩数量持续增长。为做好充电桩管理，需要通过CAN（Controller Area Network，控制器域网）总线与后台管理系统进行组网通信。后台管理系统的功能非常强大，可以对充电桩的运行状态进行实时监控，开展计费管理、故障报告、运维管理、App运营管理、数据收集、权限管理，对各个网点进行分层管理，将各网点充电桩的分布情况、运行情况直观地显示出来，对收入概况、预约概况、通电率、预约率、空余充电桩数量、故障率、故障设备数量、充电桩总数、后台总收入及会员数量等后台数据进行查询，帮助管理人员做好充电桩运营与维护，在降低管理成本的同时实现网络化管理、智能化管理。

全球充电桩产业布局

新能源汽车市场的飞速发展带动充电桩需求持续攀升，据国际能源机构（International Energy Agency，IEA）预测，到2030年，全球电动汽车保有量将增至1.25亿台。作为电动汽车的外置心脏，充电桩的数量也将随之增长。目前，因为新能源汽车市场主要集中在美国、法国、德国、挪威、中国和日本，所以我们以美国、日本、德国、中国为代表，从充电桩分布、运营模式、市场情况三个角度对全球充电桩的发展现状进行讨论。

一、美国充电桩

美国电动车销量居全球首位，所占市场份额达到了45%。近几年，美国政府一直致力于与科研机构、汽车厂商合作，围绕电动汽车、充电桩开展相关研究，并投资了一系列电动汽车充电桩建设项目。经过各界努力，美国电动汽车产业已基本进入商业化运营阶段。

作为一名电动汽车的车主，当你发现汽车电量不足时，只要打开手机App就能发现附近空闲的充电桩。如果你是在加利福尼亚州、伊利诺伊州及纽约州，这个过程会变得更加容易，因为相较于其他州来说，这三个州的充电桩数量要多很多。这些充电桩大多建设在室外，就像传统的加油站一样露天开放，但也有一些充电桩分布在室内停车场，可一站式完成停车、充电。

在美国，无论企业还是个人，只要安装电动汽车充电桩就能依法享受税收减免福利，在这一政策的鼓励下，美国私人充电桩数量占比极高。因为归属复杂，所以充电桩的运营模式也非常多元化，具体包括商业化、私有化、市场操作、品牌充电网络运营等。据预测，到2020年底，美国电动汽车充电桩的营收将达到3亿美元，未来的市场空间更大。

二、日本充电桩

日本电动汽车充电桩建设由两大主体拉动，一是政府支持，二是车企投资。在政府与企业的共同努力下，日本电动汽车充电桩的数量与传统汽车加油站的数量不相上下。在企业方面，日本充电桩建设有两大参与主体：

- 一是由众多经过CHAdeMO认证的充电设备生产商组成的

CHAdeMO[①]体系；

• 二是日本充电服务公司（NCS）[②]，该公司由丰田、日产、本田、三菱四家本土汽车生产企业与日本政策投资银行共同出资成立，承担充电桩安装成本，负责在最近几年对充电桩进行免费保修。

在政府方面，日本政府的首要任务是提升人们对充电桩的信心，进一步扩大充电桩的覆盖范围，为电动汽车车主创建一个更加方便快捷的充电网络。目前，NCS主导建设的充电桩已遍布东京市区及主要公路。因为日本的私人住宅很难建设充电桩，所以公共充电桩的利用率极高。另外，为了吸引客流，全家、罗森等便利店也在努力加快充电桩建设。

在日本，电动汽车车主可随时通过App查找附近的充电桩，浏览充电站运营商、电压、收费标准、允许充电时间等信息，还能查看充电接口的图片，以准确地找到适合自己车辆的充电桩。至于充电付费，车主在购买电动汽车时一般会收到一张附赠的充电卡，这张卡由汽车制造商和NCS联合发行，如果没有，可自行到NCS的官网申请。

车主收到充电卡后要绑定自己的银行卡或信用卡，根据充电卡的类型（普通充电卡、快速充电卡、普通和快速兼用充电卡）缴纳月会费，充电卡的类型不同，收费标准也不同。另外，为了鼓励居民购买电动汽车，日本一些商场的停车楼设立的充电桩可免费充电。

三、德国充电桩

据德国汽车工业协会不完全统计，目前，德国大约有1.3万个充电桩，

---

① CHAdeMO是日本电动汽车快速充电器协会作为标准倡导的快速充电器商标名称。
② 日本充电服务公司成立于2014年，由日本三菱汽车、丰田汽车、日产汽车、本田汽车、日本政策投资银行共同出资设立，旨在共同推进普及电动汽车充电设施。

其中有600个支持快速充电。除公共场所的充电桩外，每隔半年，德国汽车工业协会会对私人充电桩进行调查统计。

德国的充电桩市场基本被八大充电运营商垄断，所占市场份额达到了76%，其中Innogy、EnBW、EWALD三家公司所占市场份额最高，超过了50%。为鼓励电动汽车发展，德国政府每隔半年会根据市场发展情况对补贴政策进行调整，政策补贴主要集中在大功率充电设施建设领域。

在德国，电动汽车车主在出行之前必须下载一款名为Chargemap的App，通过这款App查找附近的充电桩，制定出行路线，预约充电，充电完成使用绑定了银行卡或信用卡的充电卡或充电钥匙付费。

四、中国充电桩

目前，在全球范围内，中国对充电基础设施建设的政策支持最全面，力度最大，涵盖了充电基础设施建设、电力接入、充电设施运营等多个领域。在此形势下，中国的充电桩产业发展速度极快，产业基础逐渐夯实。再加上社会资本的介入，中国的充电桩产业生机勃勃，形成了国有、民营、混合所有制并存的产业格局。

截至2019年10月，在全国范围内，运营的充电桩数量超过1000个的运营商有22家，相较于2018年底增加了7家，增速极快。在充电桩方面，截至2019年7月，全国已有大约2.3万台充电桩。我国充电桩市场的参与者虽然多，但集中度却高。2019年10月，排名前五位的充电运营商所占市场份额达到了80.7%，排名前十位的充电运营商所占市场份额达到了93%，市场集中度始终居高不下。

中国充电桩产业链有两条，一条是设备生产商，另一条是充电运营商。充电桩设备因使用统一标准，技术门槛比较低，企业之间的竞争焦点主要集中在设备稳定性、成本控制、品牌口碑等方面。在建设运营方面，中国充电桩产业的盈利渠道比较多，包括服务费、电力差价、增值服务及国家补贴，运营模式也呈现出多元化的特点，具体包括以下三种，如表9-3所示。

表 9-3　我国充电桩产业的建设运营模式

运营模式	具体内容
政府主导	由政府投资运营，推进力度强
企业主导	由企业投资运营，与电动汽车销售、生产搭配进行
混合模式	政府提供政策或资金扶持，企业负责建设，二者相互作用，共同推进产业发展

目前，在政府政策的支持下，在相关组织、企业积极整合行业标准的带动下，城市与骨干高速公路结合的城际快充网络建设正在加速。中国的电动汽车车主可进入App Store及Android市场下载一款充电App，通过App寻找附近的充电桩，查看充电桩状态，享受导航服务等。充电结束，车主可任意选择使用支付宝、微信扫码付费、银行卡或Apple Pay付费，支付方式更加多元。

充电桩产业链全景图

充电桩是电动汽车的能量补给站，相当于加油站中的加油机，可以固定在公共停车场、小区停车场、充电站等场所的某一位置，或地面，或墙壁。输入端直接接入交流电网，输出端借助充电插头输出电流，根据电压等级为不同型号的电动汽车充电。

对充电桩产业的上下游进行追溯可发现，该产业涉及的主体非常多，包括充电桩设备生产商、充电桩运营商、新能源汽车厂商等。

- 充电桩设备厂商：主要功能是生产直流充电桩、交流充电桩、交流—直流充电桩，涉及充电模块、电机、芯片、接触器、断路器、外壳、插头插座等诸多模块。

- 充电桩运营商：主要功能是运营大型充电站或提供充电桩服务。在目前的充电市场上，充电桩运营商多为第三方企业，当然也有部分车企、能源企业涉及该服务。

- 整车厂商：整车厂商指的是电动轿车、电动 SUV、电动客车、电动货车等电动车型的生产厂商。充电桩主要为电动汽车服务，随着电动汽车市场不断扩大，充电桩市场将爆发出大量需求。

一、上游

以充电桩市场为起点向上追溯可看到充电桩设备厂商及各类充电桩产品，例如直流充电桩、交流充电桩、交流—直流充电桩等各种类型的充电桩以及各种零部件，包括充电模块、电机、芯片、接触器、断路器、外壳、插头插座、线缆材料等。因为充电桩的使用环境比较复杂，要承受强光照射、严寒、霜冻、风雨、明火，与汽油接触等，所以安全标准非常严格。

二、中游

在充电桩产业链的中游可看到一些运营商，他们是大型充电站的运营者，是充电桩服务的提供者。为了给电动汽车提供便捷的充电服务，一些运营商承建了大型充电站，并在小区、商厦、购物中心、学校、政府等车流比较密集的场所设立充电桩，满足各类电动汽车的充电需求。

三、下游

顺着充电桩产业链向下走就能看到电动汽车生产商以及各种类型的电动汽车，如电动轿车、电动货车、电动客车等。随着新能源汽车不断推广应用，电动汽车市场规模不断扩大，为充电桩市场带来了大量需求。

"互联网＋充电服务"

随着电动汽车的市场规模不断扩大，作为电动汽车产业链上的基础保障，充电桩市场迎来了重大发展机遇，如何做好充电桩运营成为亟须探讨的一个话题。

一、基于用车场景的充电解决方案

目前，市场上大部分充电桩运营商都是立足于用车场景及充电痛点为电动汽车车主提供充电解决方案。据此，充电业务可划分为三类，一是家庭充电，二是目的地充电，三是应急充电。这三类充电业务分别对应三大场景，分别是家庭、出行和突发状况。

家庭充电就是在自家的停车位，使用充电桩或充电枪为汽车充电。在实际应用层面，家庭充电的充电桩的安装门槛较低，只要获得物业许可，通过电力报装就可安装使用。

目的地充电指的是使用公共充电桩为电动汽车充电，这是国家极力倡导的一种充电方式。为鼓励公共充电桩建设，国家会对公共充电桩所属运营商给予建设与运营补贴。在这种充电场景中，因为用车场景非常丰富，所以生出了各种各样的解决方案。例如，有的车企提议建设超级充电站，有的车企提议采用换电的方式进行充电，但大部分企业还是支持第三方公共充电网络建设，通过企业合作实现资源互补，获取最大化的利益。

应急充电面向的是电动汽车在行驶过程中突然出现"没电抛锚"的状况。目前，新能源汽车公司解决这类问题常用的措施包括道路救援、拖车服务、移动充电车V2V充电等。也就是说，如果某电动汽车在行驶过程中因电量耗尽而抛锚，面对这一情况，车主可采取三种做法：打电话请求道路救援；打电话请求拖车；拦截经过的电动汽车，请车主为自己的汽车反向充电。

二、"充电服务+"场景化运营

家庭充电、应急充电这两种场景相对简单，目的地充电值得深入挖掘与探讨。其原因在于，随着电动汽车的数量越来越多，目的地的范围越来越广，只要某场所有电动汽车出入，就具备建设充电桩或充电站的条件。于是，越来越多的酒店、商场开始尝试建设充电站，享受行业红利。

在当前的社会环境下，商业区扮演的角色非常丰富，例如，旅游出行的目的地，交通工具的聚集地，集餐饮、休闲、娱乐、购物为一体的综合性服务组织，等等。商业区兴建充电桩，不仅可以为顾客提供高质量的综合性服务，还能拓展营收渠道，吸引更多客流，延长顾客停留时间，这一点蕴藏着巨大的市场增值空间。

三、网约车的"充电服务+"

2019年下半年，陆续有城市对网约车注册车型做出了规定。2019年9月16日，深圳规定"新注册的网约车必须是纯电动汽车"；10月1日，郑州规定"不再接受以燃油、燃气为动力的网约车注册"。之后，广州、昆明、大连等城市也发布了类似新规。由此可见，未来，网约车纯电动化已是大势所趋。

但因为网约车比较特殊，行驶时间长、目的地不定，所以很多从业者都比较担心电动汽车的续航问题。目前，市面上15万级的电动车型续航里程为350～450千米，减去空调、高负载以及电池损耗，满电状态下的续航里程大约为300千米。对于网约车车主来说，无论"单班"还是"双班"，电动汽车目前的续航能力都无法满足其需求。在这种情况下，要想真正实现网约车纯电动化，城市各个核心区路段必须大力建设充电设施。

在换电与快充这两种充电方式之间，因为换电的成本较高，且受品牌限制，所以快充成为目前电动汽车最主流的充电方式。近两年，为满足电动汽车的充电需求，我国政府、企业都在努力推动充电基础设施建设，但因为时间尚短，电动汽车与充电桩的比例仍存在失衡现象，电动汽车"充电难"的问题尚未完全解决。

随着充电产业不断成熟，资本恢复理智，盲目建桩将逐渐被市场淘汰。充电站、充电桩要想实现可持续发展，必须合理投建、高效运营。合理投建的关键在于科学选址，满足充电汽车强烈的充电需求，以实现持续盈利；高效运营意味着要做好团队建设，组建专业的运营团队，为车主提供优质的服务，使充电桩的使用效率得以最大化。充电站、充电桩建设只有做好这两点，才能真正响应国家政策，满足充电需求，实现良性循环。

第10章
盈利模式：千亿级市场的爆发

充电桩运营之困

作为国家战略性新兴产业，新能源汽车是我国汽车企业超越欧美等发达国家的重要突破口。近几年，在国家政策的扶持下，我国新能源汽车产业发展速度越来越快，已进入爆发式增长阶段。据中国汽车工业协会公布的数据，截至2019年底，我国新能源汽车保有量达到了381万辆，同比增长46.05%。其中，纯电动汽车保有量为310万辆，在新能源汽车中占比81.19%。

新能源汽车数量增长虽快——连续两年的年增长量超过100万台——但充电基础设施建设比较滞后，给新能源汽车的推广与发展造成了极大的制约。从理论上来讲，新能源汽车与充电桩的配比应达到1∶1~1∶2，但我国新能源汽车与充电桩的实际配比为8∶1。鉴于此，许多购车者在选购汽车时都会在新能源汽车与传统动力汽车之间犹豫，即便购买新能源汽车可享受政策优惠。

由此可见，现阶段，加快充电基础设施建设已迫在眉睫，但对于充电桩建设者、运营商来说，有一个不得不正视的问题：如何在短时间内摆脱"烧钱"困局。这一问题不解决，他们就很难在这场旷日持久的"消耗战"中坚持到盈利的拐点。具体而言，新能源汽车充电桩的运营困境体现在以下几个方面，如图10-1所示。

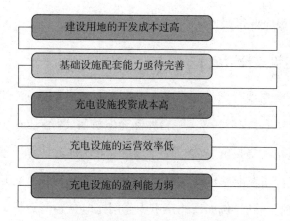

图 10-1　新能源汽车充电桩的运营困境

一、建设用地的开发成本过高

公用充电站建设要集中在城市商业区、停车场、公路服务区等车流量大的公共区域。但目前，由于我国一二三线城市的中心城区建设已基本完成，可用于建设公用充电站的土地寥寥无几，大多数公用充电站建设项目都要涉及土地拆迁、产权归属等问题，建设成本极高。

二、基础设施配套能力亟待完善

充电场站建设不是一家之事，需要多部门配合，例如供电、交通、城建、国土等。尤其是北京、上海、广州等一线城市，中心城区可利用的资源本就紧张，再加上对电力保障的要求较高，如果建设充电场站需要对电线、变压器、电表等电力设施增容，极有可能对充电场站所在区域的电力负荷造成一定的影响。

另外，一些经济发展水平不高的偏远区县，基础设施建设本就滞后，无法满足充电网络建设需求。充电桩建设单位要想在这些地区建设充电场站，必须同时做好其他附属基础设施建设，从整体上提高了充电场站的建设门槛，给建设企业带来了巨大的经济负担。

三、充电设施投资成本高

在我国，根据现行标准，每座充电站需要建设4根直流快充桩，单根桩的加权平均功率为86379W，一台城际充电桩需要投入8.6万～17.2万元，一座城际充电站需要投资137.6万～275.2万元。据此估算，即便开展规模化建设，一个快速充电桩也需要投资10万元左右。目前，公用充电设施建设主要依赖政府补贴。例如，北京市为公用充电桩给予总投资额30%的补助，廊坊市为公用充电桩给予总投资额20%的补助。在运营方面，目前，公用充电桩运营效率低，投资回报率低，严重影响资金回笼速度，对企业发展造成了严重制约。

四、充电设施的运营效率低

充电汽车需要一个完善的充电网络，包括每辆车必须配备的充电桩、社区快充站、商业区快充站、交通干道的充电网点等。目前，我国电动汽车的数量远远高于充电桩的数量，而且区域分布严重失衡：有些区域的充电桩非常紧张，导致车主充电不方便；有些区域的充电桩闲置，造成了严重的资源浪费。

五、充电设施的盈利能力弱

目前，充电服务市场的参与者可分为两个梯队：第一梯队以充电设备生产商、电力服务企业、互联网企业与汽车厂商为代表，参与度较高；第二梯队以电力企业、商业地产、社会资本、整车企业、汽车租赁企业、停车场所、互联网运营商、金融机构、电子商务企业、广告企业等机构为代表。公用充电服务企业与这些机构的合作处在起步阶段，合作模式不完善，仍需进一步探索。

三大主流商业模式

建设运营成本高、资金回笼周期长、盈利模式单一等问题给充电桩行业的发展造成了严重制约。智研咨询发布的《2019—2025年中国电动汽车充电桩行业市场专项调研及投资前景分析报告》显示，我国充电桩市场规模将在2020年达到177亿元，在2025年达到1290亿元，2020—2025年累计市场规模CAGR（Compound Annual Growth Rate，年均复合增长率）达到48.8%，2020—2025年新增市场规模CAGR达到50.3%。面对发展速度如此之快的充电桩市场，充电桩行业传统的运营模式不再适用。只有不断变革创新，才能推动整个充电桩产业，乃至整个电动汽车行业快速发展。

随着资本持续涌入，目前，我国已有300多家企业投入充电桩建设与运营：一部分企业采用重资产运营模式，如负责充电桩建设与销售等；另一部分企业采用轻资产运营，如开发相关App，为车主提供寻找附近充电桩及预约支付等功能，或为充电桩建设企业搭建充电桩运营管理平台等。目前，充电桩运营采用的商业模式大致可以分为三类，具体如图10-2所示。

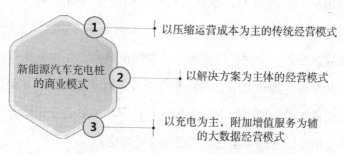

图 10-2　新能源汽车充电桩的商业模式

一、以压缩运营成本为主的传统经营模式

该模式主要应用于充电基础设施初期运营阶段，主要通过收取充电服务费获利，盈利方式比较单一。许多企业进入充电行业初期使用的都是这种模式。这种经营模式的优点在于稳定性较高，可提升企业的运营管理能力。但为了在最大程度上降低购电成本与运营成本，对企业人员的议价能力与运营能力提出了较高的要求：既要降低运营成本，又不能影响车主的充电体验。

二、以解决方案为主体的经营模式

采用这种经营模式的企业主要面向B端客户，为相关企业提供充电解决方案和综合服务。以充电网科技有限公司为例，该公司主要面向充电运营商、充电设施生产厂商、汽车厂商和商业地产商等企业出售设备盈利。这种模式的优点在于以充电桩市场为切入口，涵盖的范围广，可发挥的空间大，但因为投资额较大，需要面临较高的风险。

三、以充电为主，附加增值服务为辅的大数据经营模式

充电设备在运营过程中会收集大量数据，该模式就是以这些数据为基础，延伸出更多增值服务，通过充电与增值服务共同盈利。以特来电为例，特来电从电网建设着手，计划推出一系列服务，如电动车线上销售、汽车维修数据服务、金融支付服务、互联网电商和工业大数据等。该模式拓展了盈利渠道，为企业带来多元化的收入，但增值服务的专业化程度直接影响着用户体验。所以，对于采用这种运营模式的企业来说，如何为客户提供符合市场标准的专业化的增值服务是关键。

现阶段，虽然各企业已形成一套完整的盈利流程，但仍在不断探

索新的运营模式，希望能够快速盈利。在目前的充电服务市场上，可盈利的商业模式已经出现。

北京华贸商圈有一座富电科技建设的光伏充电站，假设每个直流充电桩每天利用8次，每次充电20度，充电服务费为0.8元/度，一个直流充电桩一年就能获得46720元的充电服务费。每个直流充电桩的建设成本为23万元，以此计算，5年时间就能收回成本。如果算上成本折旧费，这个光伏充电站已经开始盈利。

除富电科技外，普天新能源、华商三优新能源科技公司都已经开始盈利。

过去，很多企业认为，充电桩运营企业短时间内无法盈利，真正实现盈利应该在两年后。但事实上，随着资本不断涌入，充电桩行业的价值逐渐显现。据业内人士分析，假设2020年我国的新能源汽车达到500万辆，充电行业的利润将达到558亿元，其中增值利润空间可达233亿元。在万物互联时代，充电桩的商业价值当然不只体现在充电业务上，还包括以充电桩为入口的广告、保险、金融、售车、4S增值服务及汽车工业大数据等。

潜在的盈利模式

作为车联网、智能电网的入口，充电桩行业蕴藏着巨大的价值。基于数据收集与分析、信息传播与分享等功能，充电桩被赋予"数据采集者""数据分析师"等多重身份。毋庸置疑，充电桩行业拥有广阔的发展前景，企业要想顺势发展，必须创新商业模式。例如"众筹建桩"，借助政府的优惠政策，征集社会上闲散的车位与电容资源建设充电桩，所得利润按照一定比例与场地提供者分成，从而降低投资成本，提高运营效率。

另外，充电桩运营企业还可以通过数据挖掘与分析提高充电桩的利用效率，利用互联网、物联网、智能交通、大数据等技术搭建信息化运营平台，促使电动汽车与智能电网之间开展信息交互，形成支持查询、预约、支付及远程操控等多种功能的"互联网+充电"运营模式。

随着车联网与智能电网领域不断涌现新技术，充电桩行业还有哪些潜在的盈利模式呢？具体如图10-3所示。

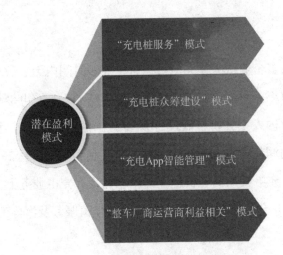

图 10-3　充电桩行业潜在的盈利模式

一、"充电桩服务"模式

未来，在大中型城市，围绕电动汽车充电桩建立与之配套的商品零售与休闲服务商业圈将成为电动汽车产业发展的新模式。目前，德国、丹麦等国家已经开始利用电动汽车充电桩拓展零售、美容、健身等业务，一方面获取增值服务带来的收益，另一方面借此提高车主对充电服务的黏性。

在我国，已有很多企业开始探索这一模式，例如星星充电与酒店、商铺合作建设充电桩，电庄公司在麦当劳等餐饮场所建设充电桩等，让充电服务与餐饮、娱乐、零售等配套服务实现紧密结合。

二、"充电桩众筹建设"模式

对于企业来说，开源、节流是两种不同的增收方式。如果无法做到开源，即无法找到更好的盈利模式，通过节流降低运营成本也是一种不错的选择。

众筹建设充电桩就是通过整合政府、企业、社会等多方力量共同参与充电桩建设，提高社会资源的利用率，满足用户需求。最常用的方法就是寻找合伙人，例如企业提供资金，合伙人提供场地。这种方式对场地要求较高，要求车主的停留时间能够超过2个小时，自有停车位数量超过5个，有富余的电容，不用单独扩容，能够满足这些条件的多为医院、商场、学校、超市、酒店等。或者合伙人提供建设支持，或者直接提供充电桩。建成后，充电服务企业与合伙人共享收益。这种经营模式不仅可以降低风险，还能缩短资金回笼周期，帮企业尽快收回成本。

三、"充电App智能管理"模式

充电桩企业可以充电设施为基础，利用App应用开发增值服务，形成以充电网络App为入口，集商业设施经营、电动汽车分时租赁、电子商务、新闻广告等服务于一体的充电互联网商业生态圈，推动商业地产与充电服务相融合，让商场、超市等业态提供辅助充电服务。

例如，充电服务企业可制定多元化的充电定价方案，支持充电站经营者面向不同类型的驾驶群体制定不同的充电服务价格，或支持经营者根据充电时间、充电电量、充电流程进行自主定价。充电服务企业还可以搭建智能后端"云服务"平台，开发能源计量与管理系统，为充电站经营者提供多种充电容量与速率选择，以降低充电站的运营成本，并为经营者管理运营充电站提供有效支持。此外，充电服务企业还可以为经营者提供大数据分析服务，为经营者改进服务提供科学依据。

四、"整车厂商运营商利益相关"模式

这种模式将整车厂商、设备制造商、充电站经营业主、金融机构、用户等利益相关方连接在一起，共同开发能够满足各方利益诉求的产品与服务，将其渗入产业链的各个环节，最大限度地整合资源，带动充电桩市场发展。

在国内，已有很多充电桩运营企业与整车厂商展开合作，特来电、星星充电、电桩公司等是其中的典型代表。这些企业通过与整车厂商、金融公司合作，搭建电动汽车电商平台或销售网点，为车主提供多元化的服务，例如融资租赁、汽车金融、试驾体验等。在这种模式下，充电桩运营企业与整车厂商可实现互利共赢，不仅充电桩运营企业可以进一步做好充电桩建设，带给车主更优质的充电体验，提高车主的满意度，整车厂商还可以促进车辆销售，进一步拓展电动汽车的市场空间，推动整个行业不断向前发展。

战略布局与行动路径

近两年，充电桩市场发展速度极快，为抢占更多市场份额，很多充电桩企业投入大量资源与精力打"价格战"，忽略了很多重要事项，如质量

管控、服务优化、客户体验、技术创新等，这些是决定企业能否持续发展的关键。现阶段，摆在充电桩企业面前的问题有很多，例如：老旧小区电力增容问题，立体停车库充电桩安装问题，地下停车库因网络不稳定导致充电频频中断问题，运营平台或充电 App 互联互通问题，大数据潜在价值挖掘问题，等等。

作为一个新兴产业，充电桩产业发展时间尚短，却已经因为经营成本高、盈利困难、行业竞争激烈等问题经历几次洗牌，一些涉足充电桩产业的企业相继倒闭，又有一些企业争先恐后地进入。近几年，一些能源行业的巨头、大型车企纷纷将目光投向了充电桩行业，其业务范围涵盖了充电桩生产与安装、充电设施设计与运营、充电站设计服务等整个产业链，形成了一条龙服务模式。充电桩行业的运营模式不断完善，但也在一定程度上呈现出行业垄断局面。

充电桩企业要想盈利，实现可持续发展，必须了解私人消费者、运营商、物业的用桩和建桩需求，明确产品定位，选择合适的技术路线，持续开展技术创新。

一、车企合作

目前，我国有一部分充电桩来自汽车厂商，当然这部分充电桩数量相对较少。汽车厂商自建充电桩不是为了盈利，而是为了完善汽车销售与售后服务体系，提升服务质量，带给客户更优质的体验，吸引客户下单购买。车企合作最常用的方式就是汽车厂商从充电桩企业采购充电桩，为购买新能源汽车的顾客免费配送，因此价格相对较低，充电桩企业的利润空间比较小。车企合作的充电桩体积较小，对外观要求较高，多为塑料外壳，无须具备太多人机交互功能。

二、国网/南网/运营商合作

国家电网、中国南方电网每年都会面向社会集中采购充电基础设施，需求量极大，价格相对较高，要求也极高。从历年的招标结果看，民营企业中标的机会非常小。

相较于国网、南网来说，与运营商合作比较容易实现。普天、云杉、水木华城等运营商会根据市场需求及地方需求投放充电桩，充电桩类型多为7千瓦、40千瓦、80千瓦双枪同充交流充电桩和120千瓦、150千瓦、180千瓦、240千瓦、300千瓦双枪直流桩。因为是充电站运营，所以充电桩的利用率较高，资金回笼周期较短，是一种比较理想的运营方式。

三、租赁公司

全国最大的网约车平台滴滴出行（小桔充电）已开始在充电桩领域布局，希望整合国内的充电桩市场，为滴滴平台上的车辆及社会车辆服务，满足他们的充电需求。目前，小桔充电已经和特来电、星星充电等多家运营商建立了合作关系，未来他们将一起对国内现有的充电运营商平台进行整合，通过桩联网增强用户黏性，提高充电桩的利用率。但目前，充电桩市场面临的问题不只出现在资本、商业模式方面，还表现在资源、管理、技术创新、品质服务等方面。

四、物业公司/地产商/运营公司

物业公司、地产商、运营公司、地方政府可以凭借自身优势对各项资源进行整合，加强政策引导、标准强化、责任归属，对充电桩上、中、下游产业链资源进行有效整合，引导技术创新，做好充电桩安装、管理、运营等服务，促使智能电网、能源互联网、物联网、充电桩增值服务实现有机结合。

• 探索使光、储、充实现有机结合的科学模式，解决当前或未来因电力不足无法充电的问题。以智能化的微电网系统为依托，将太阳能储存起来，将其转化为电能为电动车充电，利用峰谷电价差晚上储电、白天利用，从而抑制峰谷差、减少网损。

• 老旧小区与立体停车库的充电桩建设面临着很多问题，如需要增容、布线难、计费难等。为解决这些问题，在资源有限的情况下提高资源利用率，减少投入，必须聚焦智能配电与能源管理。

• 让智慧停车与充电实现一体化，解决电动汽车充电难问题，提高土地资源综合利用率，助力智慧城市发展。

• 做好现有充电桩的智能运营管理，让各个平台实现互联互通、数据共享，对充电桩进行远程智能运维，提供充电检测与充电服务，促使散桩与私人桩实现共享。

第六部分
大数据中心

第11章

数据中心：数字经济的命脉

数据中心的崛起与机遇

数据中心（Data Center，DC）是一种能够在Internet网络基础设施上管理数据信息（如传递、展示、计算、存储等）的特定设备网络，包括计算机系统及配套设施（如通信系统、存储系统）、数据通信连接、环境控制设备、监控设备、安全装置等，互联网数据中心如图11-1所示。

图 11-1　数据中心展示图

数据中心是一种网络基础资源，可以实现高端的数据传输与高速接入服务，所以，它并非仅是一种简单的网络概念，还是一种服务概念。数据中心为用户提供了综合全面的解决方案，个体与组织可以借助其强大的数据管理服务能力，快速高效地开展各类业务。

根据服务对象的差异，数据中心可以分为企业数据中心与互联网数据中心。其中，企业数据中心是指企业或机构自建数据中心，主要服务于企业或机构自身的业务，企业、客户与合作伙伴都可以获取其提供的数据信息服务；互联网数据中心是一种拥有完善的设备、专业化的管理，以及完善的应用的服务平台，它的出现标志着人类对IT的应用迈向规范化与组织化阶段。

互联网数据中心由服务商建立并运营，客户可借助互联网获取其提供的数据信息服务，与企业数据中心相比，它的规模更大，设备、技术、管理等更为先进，服务对象更为广泛。

当然，建设互联网数据中心的成本与难度更高，服务商需要有大规模的场地与机房设施，高速可靠的内外部网络环境，以及系统化的监控支持手段等。

一、数据中心产业链

数据中心产业链包括上游基础设施及硬件设备商、中游运营服务及解决方案提供商以及下游终端数据流量用户，具体如表11-1所示。

表 11-1　数据中心产业链及运营主体

产业链	运营主体	具体内容
上游	基础设施和硬件设备	数据中心上游基础设施主要是指土地建设与机房建设。土地建设主要采用楼宇租用方式，而在机房建设方面，数据中心机房建设的特殊性在于它对温度调控有较高的要求。数据中心机房内存在大量IT设备，而这些设备工作时会产生大量热能，如果不及时降温，将会损毁设备，从而造成重大损失，因此，数据中心需要建立温度调控系统。硬件设备主要包括IT设备与电力设备。IT设备主要由服务器、网络设备、安全设备、存储设备及光模块构成，其中，服务器成本最高，其核心组件包括CPU、GPU与DRAM

产业链	运营主体	具体内容
中游	服务商和第三方	数据中心服务商主要有基础电信运营商与云计算服务商。其中，基础电信服务商是指中国联通、中国电信与中国移动，其资金雄厚、客户规模庞大，在数据中心建设方面投入海量资源。云计算服务商有阿里巴巴、腾讯、华为云、金山云等。第三方主要是一些技术服务商，可为客户提供数据中心托管及增值服务，往往有稳定的客户群体
下游	应用端	下游应用端玩家非常广泛，如云视频直播服务商、在线教育服务商、远程医疗服务商、AR/VR服务商等，主要服务广大用户。毋庸置疑的是，下游应用端的快速发展，会产生更多的数据中心建设需求，进而推动上游供应链的发展

二、数据中心产业的投资机遇

我国蓬勃发展的互联网产业，为数据中心服务市场不断发展与完善提供了强大推力。随着各行业纷纷开启数字化转型，再加上大数据、云计算、移动互联网等网络架构的快速发展，以及大量涌现的网络应用，将进一步释放数据中心需求，进而使数据中心服务商、技术服务商等获得巨大的增长空间。

目前，大数据的价值正在逐步释放，无论是互联网企业，还是传统企业都希望掌握数据存储、处理、价值挖掘等数据管理能力，这也有效促进了数据中心市场的发展。

• 在行业需求方面，产品快速部署、灵活拓展、高效节能、模块化 UPS（Uninterruptible Power System，不间断电源）等受到互联网企业的广泛青睐。而互联网企业往往是以用户为中心，为满足用户个性需求，需要定制化的数据中心服务。为此，互联网企业可以与电信运营商、云计算服务商等数据中心服务商建立深度合作关系，这不但能确保互联网企业为用户提供优质服务，还能借助数据中心服务商的背书有效推动品牌建设。

•在技术应用方面，云计算的广泛应用，使数据中心面临的IT设备能耗问题与降温问题越发突出。应用低功耗设计、智能化制冷、虚拟化技术、主动节电技术等技术成为数据中心的热点方向。

数据中心的"三驾马车"

互联网尤其是移动互联网的发展，使流量与数据持续涌入数据中心。为最大化挖掘数据的潜在价值，有效降低业务运营成本，电信运营商、互联网企业、云服务供应商等大型企业在建设超大规模数据中心方面投入了海量资源。

新基建大潮下，5G、AI、大数据、云计算等业务将快速发展，而这些业务需要网络特别是数据中心网络具备开放架构，并实现高效转发与运维。因此，未来，相关企业持续深化无损、智慧、开源等技术在数据中心的应用，在满足新业务发展需求的同时，进一步提升自身的盈利能力。

一、无损数据中心：提升网络确定性和高效转发能力

近年来，语音交互、图像交互等技术在公有云、智能设备等领域的应用越发广泛，这些技术支持用户通过互联网来访问云数据中心、线上数据库等，以便让用户实现全息通信、沉浸式体验等。由于这类

应用必须利用网络来传递并处理海量多媒体信息，再加上较高的设备密度与需求的多样化，为避免数据丢包问题，提高网络吞吐量，缩短服务时延，数据中心网络必须快速高效地将海量数据转化为实时的信息与行为。这种背景下，打造可以实现无损转发的数据中心网络就成为关键所在。

金融、互联网等行业已经应用了无损网络技术来提高网络性能，比如银行引进无损网络技术后，在数据中心运用智能拥塞调度手段来提高网络通信效率，使客户能像访问本地盘一样快速访问云端数据库，测试数据显示，最终存储集群IOPS[①]性能提升了20%，单卷性能达到35万IOPS。

未来，随着远程医疗、自动驾驶、AR/VR游戏、移动教育等走进人们的日常生活，无损网络技术的应用将会越发广泛，从而催生更为先进的无损数据中心。

二、智慧化能力：解决海量数据中心运维困境

在规模庞大的数据中心中，设备数量多，且类型多元，如何对这些设备进行高效管理，提高数据中心运营效率，降低运营成本，成为数据中心服务商面临的一大难题。同时，转控分离、三层解耦、统一编排等技术在数据中心的应用，进一步提高了数据中心业务的逻辑复杂性，使数据中心出现故障后的维修工作变得更为困难。这种情况下，传统的人工运维模式变得不再适用。

基于人工智能与网络遥测技术的智能运维模式为解决上述问题提供有

---

① IOPS（Input/Output Operations per Second）是一个用于计算机存储设备、固态硬盘或存储区域网络性能测试的量测方式，可以视为每秒的读写次数。

效手段，该模式可以提供自助遥测、机器学习、网络引导、大数据分析等功能，并对潜在网络安全问题进行有效监测与管理，使数据中心服务商能够更为灵活、快速地适应外部业务需求变化。

三、开放架构设备：催生数据中心新的产业生态

采用开放架构的数据中心，为白盒交换机的发展带来了诸多便利。和传统交换机相比，白盒交换机采用开放性的体系架构，支持软硬件解耦，需要开发一套集中的网络操作系统。

近几年，越来越多的企业进入白盒交换机研发领域，促使相关硬件、软件逐步成熟，而白盒交换机在很多大型互联网公司的数据中心已经实现大规模部署。公开数据显示，亚马逊、谷歌和Facebook三家超大规模云服务提供商采购的白盒交换机占据了市场总规模的2/3以上。随着数据中心业务的蓬勃发展，对白盒交换机等开源设备的需求将集中爆发，从而催生一系列新兴业态。

新一代数据中心的特征

近年来，多核技术、冷却技术、虚拟化应用、刀片系统、智能管理软件等新技术大量涌现，再加上企业业务模式的不断革新，给传统数据中心运营管理带来了巨大挑战，亟须数据中心服务商打造新一代数据中心来应对这种改变。具体而言，新一代数据中心主要有以下七大特征，如图11-2所示。

图 11-2 新一代数据中心的特征

一、模块化的标准基础设施

为了提高IT基础设施的适应性与可拓展性，新一代数据中心的服务器、网络、存储设备等系统必须对预设配置进行简化与标准化。实践证明，在数据中心内采用标准化的模块化系统，可以有效降低数据中心的环境复杂性，并提高数据中心的成本控制能力。

二、虚拟化资源与环境

为了更加低成本、高效率地使用资源，新一代数据中心将充分借助虚拟化技术对物理基础资源进行整合，来构建一个共享虚拟资源池。在此基础上，数据中心服务商可以提供网络虚拟化、服务器虚拟化、存储虚拟化、应用虚拟化等解决方案。

这给客户带来的优势是显而易见的，比如：数据中心服务商可以帮助客户减少硬件投入成本，提高资源利用效率；为客户打造动态化的IT基础设施环境，以便使客户实现业务需求的快速响应；等等。可以说，虚拟化是区别传统数据中心与新一代数据中心的重要指标，也是新一代技术中心中应用最为广泛的技术之一。

三、自动化管理

新一代数据中心7×24小时运营，采用无人值守、远程管理模式，整个数据中心可实现自动化运营，如硬件设备自动检测与维修，从服务器到存储系统再到应用的端到端的基础设施自动化统一管理；等等。实施自动化管理后，数据中心一方面可以对资源进行动态再分配，确保IT与业务相匹配；另一方面可以避免人为失误导致的运营故障，并降低人力成本。

将自动化与虚拟化技术相结合应用到数据中心后，服务商只需要利用互联网与浏览器便能开始可视化远程管理，比如主动进行设备与系统的性能与瓶颈分析、管理系统漏洞与补丁、部署服务器与操作系统、测量并调整系统功率、对数据中心进行远程调度与控制（如门禁管理、通风管理、温湿度管理、电力管理等）。

四、快速的可扩展能力

新一代数据中心服务商可以借助虚拟化技术将网络、服务器、存储设备等资源转化为虚拟共享资源池，并利用数据中心的应用系统将资源开放给用户。数据中心的集成虚拟化方案利用资源所有权分立方式，实现硬件拥有者与应用者的逻辑分立。系统管理员借助软件工具对虚拟资源进行高效创建与重新部署，从而得到IT服务的共享资源。

之后，系统将结合业务应用需求与服务级别，通过监控服务质量来对虚拟资源进行动态配置、订购及供应，从而使数据中心具备快速拓展基础设施资源的功能。该功能可根据业务需求变化进行实时调整，需要拓展基础设施资源时，系统便从虚拟资源池调用资源，反之，系统则将资源返还给虚拟资源池。

五、节能及节省空间

能源、土地成本快速增长的背景下，提高PUE[①]是数据中心发展的一个重要方向。新一代数据中心必然是绿色、可持续的，它能实现对能源与空间资源的充分利用，并为数据中心服务商打造可持续发展的计算环境。

在新一代数据中心中，数据中心服务商将为其配备大量的节能服务器、节能刀片服务器与节能存储设备，并利用新型电源组件、功率封顶、热量智能、紧耦合散热、动态智能散热、液体冷却机柜等技术解决传统数据中心过量制冷与空间拥挤等问题，最终实现散热、供电及计算资源的无缝集成与管理。

六、高IT资源利用率

目前，传统数据中心的IT资源利用率较低，比如服务器的平均利用率不足20%。而在新一代数据中心内，通过充分利用虚拟化技术，数据中心服务商可以对数据中心内的IT资源进行充分整合，推动IT资源共享，从而大幅度提高IT资源利用效率。

七、高可靠性冗余

新一代数据中心需要实时为需求方提供稳定、可靠的服务。数据中心存储了企业大量的产品数据、运营数据、用户数据等，因故障导致数据中心无法运行时，将对企业业务的正常开展造成一系列负面影响，甚至会让企业损失重要客户或因订单无法及时交付而造成重大经济损失等。

---

① PUE（Power Usage Effectiveness）是评价数据中心能源效率的指标，是数据中心消耗的所有能源与IT负载消耗的能源的比值。

因此，新一代数据中心将采用对系统各部分进行双重或多重备份的冗余设计甚至容错设计模式，这在确保企业关键业务正常开展的同时，还能确保企业数据安全。为满足高可用性需求，新一代数据中心要建立可靠性极高的容错计算环境，并保障信息安全（如建立容灾中心、对数据进行备份、建立网络安全威胁防范机制等）。

八、面向服务的计算平台

传统数据中心提供的主要是技术、应用与信息，而新一代数据中心将提供整体性的业务服务。这要求数据中心服务商在建立新一代数据中心时采用SOA[①]。从基础设施建设角度来看，SOA提供了一种结构化的方法；从体系结构与治理角度来看，SOA提供了一种服务方法。

基于SOA的新一代数据中心，可以让数据中心服务商建立SOI[②]，并以基础设施、应用及流程封装为服务，当数据中心服务商的各部门需要这些服务时，系统可以对服务进行重新部署与调用。显然，这能大幅度提高数据中心的灵活性，以及数据中心服务商应对内外部变化的能力。

数据中心建设的实现路径

如何建设数据中心呢？一个相对完善的数据中心包含主机设备、数据存储设备、数据库系统、基础设施平台、数据备份设备等多个模块，而且

---

① SOA（Service-Oriented Architecture，面向服务的架构）是一个组件模型，它将应用程序的不同功能单元进行拆分，并通过这些服务之间定义良好的接口和协议联系起来。
② SOI（Service Oriented Infrastructure）即面向服务的基础设施，能够满足实时企业（RTE）的需求。

这些模块往往来自全国甚至全球各地的供应商。

一、数据中心建设的主要内容

数据中心是企业通信与IT信息系统的大脑，建设数据中心涉及基础设施、技术与系统架构、组织与运营、应用及数据、业务与IT流程、企业与信息化战略等多项内容，具体如表11-2所示。

表 11-2　数据中心建设的主要内容

建设要点	具体内容
数据中心机房建设	数据中心机房是数据中心的关键基础设施，建设机房时，企业要重点考虑场地、制冷系统、供电系统、消防系统、防雷接地系统等，确保为数据中心打造安全、可靠、纯净的电力系统与环境
网络环境建设	网络环境建设既包括建设数据中心内部网络，又包括建设数据中心外部网络（将数据中心内部网与外部网链接），有了完善的网络环境，数据中心才能为用户提供各种业务服务
网络安全体系建设	网络安全体系建设主要涉及防火墙、入侵检测、安全网闸、漏洞扫描、安全网关、签名验证、信息安全综合监控与管理平台等内容
服务器系统建设	目前，主流的服务器设备有大型主机、小型机、工作站、普通服务器等，数据中心尤其是大型数据中心内往往存在大量服务器设备，比如腾讯田径数据中心的服务器数量达到了10万台以上
数据库建设	有了数据库后，企业可以用数据中心存取、维护并利用数据，从而实现信息资源的开发与应用

二、未来数据中心的发展方向

（1）业务敏捷。未来，数据中心将建立统一的数据融合资源池，支持各类业务系统按需获取数据资源，同时，数据平台将根据业务实际需要，对数据节点进行自动部署，并高效发放业务。

（2）数据全生命周期处理。未来，数据中心将提供包括数据采集、存储、计算、应用、维护等诸多环节在内的数据全生命周期处理服务，不同业务系统可获取定制化的 Hadoop[①] 大数据组件、关系型数据库 Oracle/SQL Server/MySQL、数据采集 ETL（Extract–Transform–Load，将数据从来源端经过抽取、转换、加载至目的端）等。

（3）数据融合与智能分析。未来，数据中心将利用数据融合将来自不同系统、不同区域、不同类型及不同格式的数据进行统一存储、计算及分析，从而提高业务响应及时性；从海量数据中挖掘符合企业需要的热点信息流，并通过智能分析，为企业创造价值。

（4）现网应用。未来，数据平台将利用统一的 SQL（Structured Query Language，结构化查询语言）搜索，以及分布式大数据网关，显著提高业务系统的数据处理分析能力。

未来，挖掘数据价值的能力将成为企业核心竞争力的重要组成部分。届时，数据中心的作用将越发关键。因此，数据中心服务商要进一步增强数据中心挖掘潜在价值的能力，利用融合的数据平台，对数据中心业务流程进行持续优化，帮助客户充分挖掘数据的商业价值。

---

① 一种分布式系统基础架构。

第12章
云数据中心建设的解决方案

云数据中心VS传统IDC

云计算逐渐从一种技术演变为人人都能购买的服务，在未来的信息社会，它甚至会成为一种公共资源。将云计算与数据中心相结合的云数据中心是对传统数据中心的迭代升级，推进其发展与应用对数据中心产业具有非常积极的影响。那么，什么是云数据中心呢？与传统IDC相比，云数据中心又有哪些优势？

一、什么是云数据中心

云数据中心是指利用网络虚拟化、存储虚拟化、应用虚拟化、服务器虚拟化、数据中心虚拟化等IT技术，打造一个标准化的、虚拟化的、自动化的、最优化的适应性基础设施环境与高可用计算环境。

云数据中心的特征主要包括高度虚拟化、自动化、绿色节能。其中，虚拟化是指云数据中心的网络、存储、应用及服务器等实现了虚拟化，用户可根据自身的实际需要调取相应资源；自动化是指云数据中心的物理服务器、虚拟服务器、业务流程、客户服务等都实现了自动化管理；绿色节能是指云数据中心的设计、建造、运营等都符合绿色节能标准，其PUE值在1.5以下。

二、云数据中心和传统IDC有何区别

从设计理念来看，传统IDC重视机房的安全、可靠与高标准，但未能与IT系统相协调，导致其运营成本显著提升。云数据中心在保障设备设施符合相关标准的基础上，实现了与IT系统的完美衔接，从而获得了运营效率与成本等方面的优势。

（1）在资源集约化速度和规模上的区别。

利用资源集约化来动态调配资源是云数据中心的重要特征。虽然传统IDC也能在一定程度上实现集约化，但其资源整合效率要明显低于云数据中心，规模也相对较小。因为传统IDC是基于硬件服务器的相对有限的资源整合。举个例子，传统IDC可以将一台实体服务器共享给多台虚拟机，然而一台实体服务器的资源是非常有限的，而且它不能在短时间内对资源进行再分配，从而无法支撑高并发业务。而云数据中心可以对多台实体服务器，甚至对属于不同数据中心的实体服务器资源进行高效整合与再分配，能够同时满足海量的个性化用户需求。

（2）在平台运行效率上的区别。

云数据中心采用了更为先进的技术与资源利用模式，在平台运行效率方面明显高于传统IDC。而且云数据中心是由服务商负责硬件设备的管理与运维，用户将自身的资源与精力集中到内部业务开发与创新方面即可。

（3）在服务类型上的区别。

托管或租用实体服务器是最为常见的传统IDC服务。其中，托管实体服务器服务是用户自行购买服务器设备并发往机房托管，在托管过程中，用户需要自主完成设备监控与管理，传统IDC服务商的工作是IP接入、宽带接入、能源供应、网络维护；租用实体服务器服务是用户向IDC租用实

体服务器，不需要购买硬件设备，只要支付一定的租金即可。

而云数据中心服务商可以为用户提供"基础设施—业务基础平台—应用层"的一体化服务解决方案。比如对于想要提高IT服务稳定性的用户，云数据中心服务商可以利用虚拟化的动态迁移技术，在硬件系统发生故障时将相关服务快速迁移至其他硬件资源，从而避免重新部署硬件环境导致的服务延迟。

（4）在资源分配时滞上的区别。

传统IDC需要部署实体硬件，往往要几个小时甚至几天才能向客户交付资源，这将降低数据中心的运营效率，而且它不能做到短时间内资源再分配，从而引发资源浪费问题。

而云数据中心仅用几分钟甚至几十秒便能完成资源再分配，其云端虚拟资源池中拥有海量的资源，即便出现大量业务集中爆发的情况，也能有效应对。

云数据中心的构建步骤

一、虚拟化

利用软硬件管理程序将物理资源映射为虚拟资源的技术被称为虚拟化技术。对关键IT资源进行虚拟化，是打造云数据中心的基础和前提。

云数据中心需要虚拟化的关键IT资源主要有服务器、存储及网络。其中，服务器虚拟化主要包括Unix服务器虚拟化与x86服务器虚拟化。Unix服务器又被称为小型机，而小型机厂商普遍为自身的小型机产品开发了差异化的虚拟化程序，导致这些虚拟化程序无法对其他厂商的小型机产品进行虚拟化。目前，市场中常见的x86服务器虚拟化产品有VMware ESX/ESXi、微软的Hyper-V、开源KVM虚拟机等。Oracle和华为等服务器厂商还开发了基于Xenia内核的虚拟化平台。云数据中心需要同时调用不同厂商以及不同类型的服务器资源，而对服务器进行虚拟化后，便可以有效解决不同服务器间的硬件差异问题，使用户获得标准逻辑形式的计算资源。

存储虚拟化的逻辑为：在物理存储系统上增加一个虚拟层，从而将物理存储虚拟化为逻辑存储单元。通过存储虚拟化，云数据中心服务商可以将不同品牌、不同级别的存储设备资源整合到一个大型的逻辑存储空间内，然后对这个存储空间进行划分，以便满足不同用户的个性化需要。

网络虚拟化涉及网络设备及网络安全设备、网络本身的虚拟化。其中，需要虚拟化的网络设备及网络安全设备有网卡、路由器、交换机、HBA卡、防火墙、IDS/IPS、负载均衡设备等。网络本身的虚拟化主要涉及FC存储网络与IP网络的虚拟化。

目前，个体与组织对网络的需求越发个性化，为了更加低成本地满足其需求，云数据中心厂商对网络进行虚拟化成为必然选择。与此同时，网络虚拟化后，云数据中心可以在网络环境与多层应用环境中将非同组用户实现逻辑隔离，这既能提高数据安全性，又能降低网络管理复杂性。

将关键IT资源进行虚拟化后，云数据中心服务商便可以对这些资源进行统一调配与集中共享，大幅度提高资源利用率。测试数据显示，未虚拟化前，数据中心IT资源利用率仅有10%～20%，而虚拟化后的资源利用率达到了50%～60%。

二、资源池化

资源池化是指IT资源完成虚拟化后，为其标上特定的功能标签，再将其分配到不同的资源组，最终完成其池化。

资源池化可以解决不同结构IT设备的规格与标准的差异问题，对资源进行逻辑分类、分组，最终将资源用标准化的逻辑形式提供给用户。资源池化过程中，云数据中心服务商可按照硬件特性，对不同服务等级的资源池组进行划分。云数据中心的资源池主要包括服务器资源池、存储资源池及网络资源池。

存储资源池化过程中，云数据中心服务商需要重点分析存储容量、FC SAN网络需要的HBA卡的端口数量、IP网络所需的网卡端口数量等是否与自身的业务规模相匹配。

网络资源池化过程中，云数据中心服务商则需要重点分析进出口链路带宽，HBA卡与端口数量，IP网卡与端口数量，安全设备端口数量与带宽等是否与自身的业务规模相匹配。

三、自动化

自动化是指使IT资源都能够按照预设程序进行处理的过程。如果说IT资源的虚拟化与池化能够让数据中心的计算能力、存储空间、网络带宽与链路等成为动态化的基础设施，那么，IT资源的自动化便是让数据中心获得了一套能够对基础设施进行自动化管理的有效工具。

云数据中心可以利用基于SOA的流程管理工具对数据中心的业务任务、IT任务进行统一IT编排。然后利用可编程的工作流程工具从资产中解耦工作流程及流程的执行逻辑。在IT编排工具的帮助下，系统设计师可以对现有工作流程进行修改，添加新的工作流程，甚至利用可重复使用的适配器对资产进行修改等，不需要重新开展工作，有效降低开发人力、物力成本。

云数据中心的运维管理

通过打造数据中心基础设施管理工具——云管理平台，云数据中心服务商可以充分体现动态基础架构的优势，实现动态化的基础设施资源监控、安全管理、资产管理、流程自动化管理，以及基于 ITIL[①] 的运维管理等。

一、云管理平台

云管理平台内集成了 ISDM、vCenter、CLM、VIS 等商业化产品，可满足用户的差异化需要。目前，主流的开源云管理平台包括 OpenStack[②]、Eucalyptus[③] 等。

不过，现有的云管理平台在服务方面仍有很大的拓展空间，如果用户想要获得不同服务，可能需要同时使用多种云管理平台，从而增加用户成本。为解决该问题，云数据中心服务商可以基于 OpenStack 等开源云管理平台，集成多种开源产品，来低成本、高效率地打造综合性的云数据中心管理平台。

---

① ITIL（Information Technology Infrastructure Library，信息技术基础架构库）是全球公认的一系列信息技术（IT）服务管理的最佳实践。由英国中央计算机与电信局创建，旨在满足将信息技术应用于商业领域的发展需求。

② OpenStack 是一个开源的云计算管理平台项目，是一系列软件开源项目的组合。

③ Eucalyptus 是一种开源的软件基础结构，用来通过计算集群或工作站群实现弹性的、实用的云计算。

比如：将开源网络流量监测图形分析工具Cacti与开源监控绘图工具RRDtool相结合，来为用户实时展现云数据中心的健康状况；利用开源Nagios[1]对云管理平台的基础架构与容量进行规划；利用开源UNIX管理工具cfengine[2]来配置引擎；利用开源的网络管理系统OpenNMS对网络进行管理；等等。

在云管理平台上开发动态监控模块后，云数据中心服务商可以对云数据中心的瓶颈与潜在故障进行检测，实现对关键系统资源与自动响应时间的主动监控等。在此基础上，云数据中心服务商可以及时发现问题，并尽可能地在问题影响用户体验前将其解决。

通过采用动态IT基础架构建立云管理平台，云数据中心可以实现逻辑上的资源动态共享，这使得云数据中心服务商可以结合应用系统的负载情况动态调整IT资源，从而有效提高资产利用率，并进一步拓展应用系统可用性。同时，云数据中心服务商还可以为云管理平台开发IT资产配置信息管理平台——IT资产配置管理数据库，来存放标准化配置信息与资产间的关系信息，这不但能帮助云数据中心服务商快速找到IT资源、配置信息及资产间的相互关系，推动管理流程的优化改善，还能对资产配置信息与关系信息进行科学分类与建模，实现数据中心配置变更管理的规范化、流程化。

借助云管理平台，云数据中心还能实现面向业务的IT运维管理，具体如表12-1所示。

---

① Nagios是一款开源的免费网络监视工具，能有效监控Windows、Linux和Unix的主机状态，交换机路由器等网络设备，打印机等。

② cfengine（配置引擎）是一种UNIX管理工具，其目的是使简单的管理任务自动化，使困难的任务变得较容易。

表 12-1　面向业务的 IT 运维管理

序号	具体内容
1	通过对业务数据进行分析，理清业务服务的结构及相互关系
2	根据业务服务的依赖关系进行建模，从而获得服务模型
3	对数据中心关键运维指标进行量化，制定完善的考核指标体系
4	对业务模型与关键运维指标进行虚拟化，从而实现对服务状态的可视化管理
5	对事件进行集成，并实时更新业务状态，实现对关键业务服务与运维指标的实时追踪

二、云数据中心的运维

有了云管理平台后，云数据中心的运维便可以实现事半功倍的良好效果。云数据中心运维的主要对象包括机房环境基础设施，以及 IT 服务涉及的设备、系统软件与数据、管理工具等。

传统数据中心采用以人工运维为主的运维模式，难以对数据资源的资源进行统一管理，也不能快速完成资源池资源的再分配与闲置资源的回收。为解决这些问题，云数据中心的运维将采用以自动化运维为主、人工运维为辅的现代化运维模式。

该模式运用了基于 ITIL（Information Technology Infrastructure Library，信息技术基础架构库）的管理框架，并建立符合 PDCA 循环的管理体系，从而对数据中心的运维管理进行持续改善。测试数据显示，采用该模式的云数据中心人员服务器比率可达 1∶1500，传统运维模式的这一数字仅有 1∶40。

私有云 IaaS[①] 是实现 PaaS[②] 与 SaaS[③] 的前提，也是公有云与混合云的基

---

① IaaS（Infrastructure as a Service，基础设施即服务），是指把 IT 基础设施作为一种服务通过网络对外提供，并根据用户对资源的实际使用量或占用量进行计费的一种服务模式。
② PaaS（Platform as a Service，平台即服务），是指把服务器平台作为一种服务提供的商业模式。
③ SaaS（Software-as-a-Service，软件即服务），是指通过网络提供软件服务。

本构建单元，能够为企业云奠定坚实基础。对于大型传统企业而言，通过打造云数据中心，企业不但可以改善信息系统基础设施的运营管理，还能加快自身的信息化进程，探索出一条资源利用效率高、环境污染少、经济效益好、人力资源优势得到充分发挥的现代化工业之路。

第七部分
人工智能

第13章

人工智能：智能商业时代

智能时代，未来已来

近几年，人工智能迅速发展，渗透到了各行各业，在很大程度上颠覆了原有的经济结构、生活方式与工作方式，使世界经济发展格局得以重塑。人工智能爆发出来的能量引起了国内外的广泛关注，很多国家已经将人工智能列入国家战略，并出台了一系列政策与规划，以期在人工智能领域抢占制高点，占据绝对优势。

人工智能（Artificial Intelligence，AI）是一门新兴的技术科学，主要内容是研究、开发用于模拟、延伸、拓展人的智能的理论、方法、技术与应用。从宏观角度来看，人工智能隶属于计算机科学，它试图探究智能的本质，研发具备近似人类智能的智能机器，研究内容包括机器人、图像识别、语音识别、自然语言处理、专家系统等。

在研究者看来，人工智能的发展要经历三个阶段：第一个阶段是弱人工智能，第二个阶段是与人类智能相当的强人工智能，第三个阶段是超过人类智能的超人工智能。

目前，人工智能的发展正处在第一个阶段，弱人工智能已经渗透到了人们生活的方方面面，比如搜索引擎、手机语音助手、实时在线地图等，这些都应用到了人工智能技术。但要想从情感、行为、认知三个层面全面模仿人类，从弱人工智能阶段进入强人工智能阶段，短时间内无法实现。至于超人工智能，目前只存在于科幻小说与影视作品中。

目前，人工智能取得了极大的突破，已经可以根据对环境的感知做出合理的行动，实现收益最大化。

人工智能应用实现之前要先赋予机器一定的推理能力，然后机器才能做出合理的行动，语音识别、图像识别等都是如此。这种推理能力不是凭空产生的，它来源于大量的应用场景数据。利用数据对算法模型进行训练，然后机器才能在算法的指导下做出类人的判断、决策与行为。

一直以来，人工智能都在完善自身的理论与方法，寻找外部动力，并在这个过程中实现了螺旋式上升发展。数据、算力和算法是影响人工智能行业发展的三大要素，如图13-1所示。2000年之后，数据量的上涨、运算力的提升和深度学习算法的出现极大地促进了人工智能行业的发展。

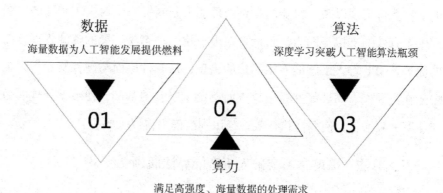

图13-1 人工智能的"三驾马车"

一、数据：海量数据为人工智能发展提供燃料

应用场景数据是人工智能的基础。只有利用丰富的数据才能做好算法模型训练，数据的数量、规模和质量是保证算法模型训练效果的关键。甚至有人认为，对于人工智能来说，拥有海量优质的数据比拥有先进的算法更重要。

随着移动互联网、物联网迅猛发展，多样化的智能终端不断普及，各种互联网应用持续增加，大数据实现了迅猛发展。在大数据处理技术的作用下，人工智能训练数据集的质量得以大幅提升，经过标注的数据可实现优化存储与管理。所以，我们将数据视为机器智能的源泉，在大数据的推动下，机器学习等技术实现了进一步发展，其潜力在智能服务的应用中得以充分释放。

二、算力：满足高强度、海量数据的处理需求

在人工智能发展的过程中，最大的制约因素就是有限的运算能力。自电子计算机出现以来，机器的运算处理能力不断提升，对人工智能的发展产生了有效的支持与助力。云计算在虚拟化、动态易扩展的资源管理方面的优势，GPU 等人工智能专用芯片的出现，从软件层面与硬件层面为人工智能在大规模、高性能并行运算方面奠定了坚实的基础，使数据处理能力与速度大幅增长，使算法执行效率与识别准确率得以大幅提升。

三、算法：深度学习突破人工智能算法瓶颈

对于人工智能来说，数据与硬件是基础，算法是核心。在人工智能发展历程中有两个非常重要的转折点：一是研究方法从符号主义转向了统计模型，为人工智能的发展提供了一条新路径；二是深度学习对其他算法设

计思路产生了颠覆，使人工智能算法瓶颈得到了极大的突破。

深度学习（Deep Learning，DL）指的是深度网络学习，由一组单元构成。数据被输入到某一个单元之后，该单元通过数据分析得出结果并输出，输出值被传递到下游神经元。深度学习网络的层次往往很多，而且每一层都使用了大量单元，用来对数据中隐藏的模式进行识别。

在深度学习的辅助下，人类程序员可以从模型构建这一烦琐的工作中解脱出来。而且，深度学习可以为其提供一种更优化、更智能的算法，实现在海量数据库中自我学习，自动对规则参数进行调整，自动对规模与模型进行优化，使识别的准确率得以大幅提升。目前，对于机器学习来说，自学习已成为一种主流方法。

第三次人工智能浪潮

其实，人工智能、机器学习不是一个新概念，因为这些概念早在20世纪90年代就已出现。事实上，在人工智能的发展史上，这次浪潮是距离我们最近的一个阶段。在此阶段，人工智能的发展取得了一些重大成果。比如，1997年，IBM公司开发的深蓝在与国际象棋世界冠军卡斯帕罗夫大战中获胜；2009年，洛桑联邦理工学院发起的"蓝脑计划"声称已经成功地模拟了部分鼠脑；2016年，谷歌研发的Alpha Go在与围棋世界冠军的大战中获胜……

近几年，机器学习、图像识别等技术在人们的日常生活与工作中得到更广泛的应用。比如，人们可以通过Google Photos更快地寻找自己需要的图片，可以利用Google Now的自动推送功能获取所需信息，可以通过Inbox自动撰写邮件回复，等等。人工智能为我们的工作、生活带来了极大的便利。

一、第一次人工智能浪潮

1956年，在美国达特茅斯学院举办的夏季学术研讨会上，助理教授约翰·麦卡锡（John McCarthy）提出的"人工智能"概念被正式使用。此前，人工智能的先驱艾伦·图灵（Alan Mathison Turing）提出了著名的"图灵测试"：将人和机器分开进行测试，如果30%以上的被测试者无法确定他面对的是人还是机器，这台机器就顺利通过测试，被认为具有人工智能功能。受图灵测试的刺激，全球范围内出现了第一次人工智能浪潮。

在此阶段，研究方法方面，符号主义方法盛行，数学证明、专家系统、知识推理等形式化的方法在人机交互过程中得到了广泛应用。但因为那个时候计算机和互联网技术刚刚起步，运算速度有限，在很大程度上制约了人工智能的发展。

二、第二次人工智能浪潮

进入20世纪80年代之后，出现了第二次人工智能浪潮。因为传统的符号主义学派发展缓慢，有研究者尝试使用基于概率统计模型的新方法，促使语音识别、机器翻译实现了进一步发展。在模式识别领域，人工神经网络大放异彩。在这个阶段，由于数据量不足，再加上测试环境有限，人工智能只限于学术研究，没能走出实验室，不具备实用价值。

三、第三次人工智能浪潮

2006年，杰弗里·辛顿（Geoffrey Hinton）等提出深度学习技术，掀起了第三次人工智能浪潮。2015年，在图像识别领域，基于深度学习的人工智能算法的准确率首次超过了人类肉眼识图的准确率，人工智能实现了飞跃式发展。随着机器视觉研究领域的突破，在语音识别、自然语言处理、数据挖掘等领域，深度学习都取得了突破性进展。2016年，微软英语语音识别错词率降至5.9%，与人类不相上下。

现阶段，在各种利好条件的加持下，人工智能走出实验室，正式进入市场，实现了产业化。2017年，无人驾驶、搜索引擎、智能助理、机器人、新闻推荐与撰稿等应用相继进入人们的日常工作和生活，所以2017年又被称为人工智能产业化元年。

深度学习的不断发展促使人工智能迎来了第三次发展浪潮，在数据、算力、算法、平台四个方面取得了很大的进步。

- 在数据方面：行业数据集不断建立，为各行业利用AI解决实际问题提供了强有力的支持。

- 在算力方面：从2012年开始，AI训练任务需要的算力每3.43个月就会翻倍。目前，算力大约每年会增长10倍。这种增长来源于两个方面，一方面是芯片更新，让芯片每秒钟能够执行更多操作；另一方面是研究人员不断寻找更有效的并行计算方法。

- 在算法方面：算法有三大发展趋势，一是用比较复杂的模型降低模型偏差；二是用大数据提升统计、估计的准确性；三是利用可扩展的梯度下降算法为大规模优化问题提供解决方案，促使深度学习不断地向强化学习、迁移学习发展，为算法应用提供方便，降低应用开发难度。近几年，AI框架层出不穷，截至目前，AI框架已有40多个。

- 在平台方面：云端AI平台与边缘AI平台并存，云端承担算法模型训练，边缘承担推理应用，平台提供生态，推动数据、算力、算法共同发展。

AI的商业化路径

随着互联网的高速发展与普遍应用，银行的业务量持续增加，现有的客服人员已无法满足需求。面对日益繁重的工作任务，传统银行客服中心需要招聘更多的客服人员，而在客服人员不足时，需要依靠服务机器人来代替人工。

那些具备简单AI技术如语音识别、语义理解的客服机器人，无法取代人工客服，要想解决这个问题，就必须让机器人参考过往历史客服数据，通过承担人工客服的大部分工作来提高工作效率，并帮助银行达到节约成本的目的。

在物业领域，物业公司的平均利润率达到8%～10%，该领域可使用服务机器人来承担清洁安保工作，以自动化运作代替传统人工，通过这种方式提高利润率。现如今，清洁安保类服务机器人的成本在10万元以下。

近两年，国外及国内机器人硬件的价格都呈现出下降趋势，国内的降价幅度更大。从当前的情况来看，位于一线或二线城市的物业公司购入机器人后，能够在两年时间内实现成本收回，考虑到这类机器人的使用寿命可达3～5年，其应用能够为物业公司带来的收益超过10万元。

在对业内排名靠前的物业公司进行调查后发现，这些公司对服务机器人的接受意愿较高，且愿意促进其广泛应用。这些公司认为，在提供优质服务的基础上，能够利用服务机器人扩大自身收益。不过，目前仍需进行市场环境的培养与建设，在这方面，可采取试用体验的方式进行市场教育。

一、智能服务：AI商业化落地的关键

近年来，越来越多的传统行业正积极革新管理理念，以更为优质的服务满足消费者的需求，金融、物业只是其中的一部分。比如，国家电网开始用多元化业务模式代替传统的单一售电业务模式。对组织架构进行改革之后，企业应实现服务与其他业务之间的协同运营。在向数字化、智能化方向转型的过程中，企业要抓紧时间打造智能客服中心，实现人与机器之间的融合。

随着技术水平的提高及制造成本的下降，国内服务机器人的价格也在降低。对比分析国内与发达国家的服务机器人，两者在制造基础、技术发展、人才培养、市场等诸多方面并不存在明显的差距。如今，国内服务机器人产业逐渐形成了良好的循环发展体系。

人工智能企业当前面临的问题是，在技术条件不变的基础上，怎样针对客户的需求提供有针对性的服务。为了体现出在服务提供方面的独特优势，企业需借助先进的技术手段，发挥服务机器人与传统人工之间的协同效应。

在今后的发展中，服务将逐渐取代产品集中体现企业的竞争优势，也就是说，企业将提高对用户体验的重视程度。现阶段下，人工智能可代替人类承担许多知识类工作，但却无法胜任情感类工作。要想满足人类的情感需求，就要提高人工智能技术的情感认知能力，并实现其在智能客服中的应用落地，推出更具人性化、更具针对性的服务。

二、技术变革：驱动传统产业转型升级

伴随着互联网的高速发展与普遍应用，企业的互联网意识逐渐提高。目前，金融、物流、农业、电商等行业对人工智能的应用较为普及。人工

智能企业在促使传统行业进行智能化升级的过程中，要对行业需求进行深挖，对C用户的需求进行全面而准确的把握，据此进行产品设计与生产。

　　以政务场景为例，用户到政务机构办理业务时，通常要经历复杂的办事流程，且需要去往多个部门逐一等待审批，这种方式会给用户带来不便，且会降低政务部门的工作效率。大数据分析结果表明，在这些繁杂的办事流程中，有些步骤可以实现并联操作，改变此前让用户逐一等待的方式，进而加快业务处理速度，提高政务部门的工作效率。

　　如今，以远传技术、阿里巴巴为代表的企业都在积极开发智慧政务解决方案。比如，远传技术推出了以"小远"为代表的智能服务机器人，以及智能叫号系统、综合服务信息设备等，实现了对大数据、人工智能的应用落地，旨在提高政务端的办事效率，免除用户多次往返政务部门的劳苦。

人工智能企业在熟悉了行业的具体情况后，不仅能够服务于行业用户，还能开发技术平台，从基础设施层面服务于其他技术企业的发展，并为传统企业提供必要的支持，找出行业发展过程中存在的不足并加以克服，在技术水平不断提高的基础上，持续推进人工智能的应用，利用先进的技术手段提高行业发展的信息化程度。

大数据、互联网的诞生及应用拉开了新时代的大门，人工智能、虚拟现实/增强现实技术的应用改变了以往的消费市场，在促使新兴产业崛起的同时，还促进了传统产业的转型，并且催生了平台型经济。在后续发展过程中，为了对接人们的个性化需求，人工智能技术也将改变传统的制造模式，更具针对性。

第14章
智能＋：驱动传统产业转型

AI+金融：金融科技的颠覆

AI+金融是指以机器学习、计算机视觉、自然语言处理等人工智能核心技术为驱动力，为金融行业各参与主体、业务环节赋能，将AI技术在产品创新、服务升级、流程再造等方面的作用凸显出来。

纵观近半个世纪金融行业的发展，每一次技术升级与商业模式变革都离不开科技赋能与理念创新。根据金融行业在发展过程中的代表性技术与核心商业要素特点，可以将金融行业发展划分为三个阶段，分别是IT+金融阶段、互联网+金融阶段和AI+金融阶段，如图14-1所示。

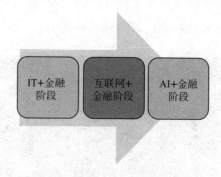

图14-1 金融行业的三个发展阶段

AI+金融阶段建立在IT信息系统稳定可靠、互联网发展环境逐渐成熟的基础之上，从根本上改变了金融产业链原有的布局。目前，相较于以往任何阶段来说，科技对行业的改变都更明显，对金融行业未来发展的影响都更深远。

从近几年金融行业的发展趋势来看，传统金融机构因为忽略了系统建设与流程建设，没能做好违约风险监控，没有建立系统的风险预警机制，所以在风险管理方面出现了很多问题。同时，在央行实施宏观审慎评估体系、监管日渐严格的环境下，金融机构必须改变原有的管理思路，利用人工智能等新型技术手段提高自身的风险管控能力，以更好地应对挑战。

一、AI+金融的技术架构

在AI+金融行业，人工智能与大数据、云计算、区块链等技术有着紧密联系，大数据可以从机器学习、算法优化等方面为机器学习提供支持；云计算可以增强大数据的运算能力与存储能力，降低运营成本；区块链可以解决大数据、云计算、人工智能等技术应用带来的数据泄露、数据被篡改等安全问题，让金融交易更安全。作为金融行业未来发展的核心驱动力，人工智能技术将与其他技术一起为金融行业发展带来强有力的推动。

目前，AI+金融涉及的技术主要有四项，分别是机器学习、自然语言处理、知识图谱、计算机视觉，如图14-2所示。

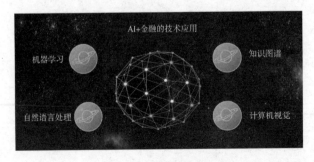

图14-2　AI+金融的技术应用

在人工智能领域，机器学习是一项核心技术，是金融行业各种智能应用得以实现的关键技术；知识图谱利用知识抽取、知识融合、知识表示、知识推理等技术构建实现智能化应用的基础知识资源；自然语言处理通过对词、句、篇章进行分析，提高了客服、投资研发等领域的工作效率；计算机视觉技术利用卷积神经网络算法在身份验证、移动支付环节实现了广泛应用。

二、AI+金融的投融资情况

近几年，人工智能技术快速发展，国内资本市场逐渐成熟，在这种情况下，AI+金融吸引了大量资本。2011—2018年，AI+金融共完成130起融资，从2016年开始，AI+金融行业平均每年都会完成30余起融资。据此推算，未来，AI+金融行业的融资将保持稳定增长。

从融资轮次来看，AI+金融行业的融资主要集中在天使轮与A轮，其中天使轮融资占比38%，A轮融资占比27%，说明在早期发展阶段表现优秀的创业公司更易获得投资机构的认可，希望通过资本布局对业内科技企业的孵化产生积极的推动作用。

从AI+金融行业的科技企业的类型来看，随着监管政策持续增多，公众理财多样化发展需求不断提升，智能风控和智能投顾所获投资占比超过了一半，智能投研、智能营销紧随其后，智能支付因为市场格局比较成熟，所获投资轮次相对较少。

三、AI+金融的商业模式

现阶段，科技行业的巨头、细分领域的标杆企业从技术层面为金融企业赋能，传统金融机构也积极利用自身资源开发新的金融服务模式，或与互联网科技公司合作创建新的金融服务模式，推动人工智能技术快速扩散，让更多金融企业可以享受科技带来的红利。

凭借开放的技术平台、稳定的获客渠道、持续不断的创新活动，金融机构将自身的资源优势与互联网科技公司的技术优势相结合，创造了一种全新的价值链创造模式，不仅提高了客户使用效率与客户对服务的满意度，还颠覆了原有的商业逻辑，促使双方价值资源共享，逐渐形成了AI+金融的行业生态与市场格局。在此基础上，各技术提供方以基础设施、流量变现、增值服务等环节为中心，形成了差异化的服务能力，构建了多元化的盈利模式，创造了一个新型的蓝海市场，利用长尾效应为行业创造了巨大的价值。

AI+交通：无人驾驶的未来

交通运输业是较早应用人工智能的领域之一，而美国无人驾驶汽车发生交通事故后，关于将尚不成熟的人工智能应用到交通运输行业的质疑声音不断增多。当无人驾驶汽车的软件系统可以通过道路安全测试时，无人驾驶汽车的大规模商业化应用时代将会快速来临。业内人士预测，2030年时，无人驾驶不但会被应用到汽车领域，在船舶、飞机等领域也将会被充分应用。

早在2001年时，个人汽车中便开始使用GPS定位系统，不久后，该系统在交通运输中得到大规模推广普及。技术的迅猛发展，使汽车中的传感设备数量实现大规模增长，未来，人工智能汽车中将会使用安全感应器、陀螺仪、温度传感器、环境光传感器等。

进入21世纪后，自动驾驶技术发展速度十分迅猛，在航空及水上交通方面，自动驾驶已经得到了实现，然而因为道路驾驶的复杂性，自动驾驶在汽车上的应用尚处于摸索阶段，行人、其他车辆加塞、不平整的路面等，导致汽车自动驾驶难度相对较高。

在无人驾驶领域，国内的百度及国际上的谷歌处于世界领先水平，二者研发的自动驾驶汽车经过了多次测试，具有较高的国际知名度。未来，传感器、深度学习等技术的融合应用，将会使无人驾驶汽车的商业化应用逐渐成为可能。

如果无人驾驶汽车能够得到大规模应用，由于交通事故引发的财产及人身安全问题将会得到有效解决，而且人得以从枯燥、高集中度的驾驶作业中解放出来，停车也将更为方便快捷。

为了迎接自动驾驶时代的来临，美国内华达州、密歇根州、佛罗里达州及加利福尼亚州出台了在公共道路上测试自动驾驶汽车的法律，英国、法国、加拿大等国也出台了类似法律法规。不过，对于引发交通事故后的责任判定的相关法律法规尚未出台。

美国向来对交通基础设施建设给予高度重视，各个城市积极引进新技术对城市交通基础设施进行不断优化完善，2013年，纽约市引入网络摄像机、复合微波传感等人工智能相关技术来监测实时路况。

美国交通部积极引导各城市制定中长期城市交通基础设施计划，让城市中的人、车、物等资源可以高效低成本地自由流动，为此，需要将车辆及交通基础设施接入移动互联网，通过数据实时交换实现协调控制。

按照美国高速公路安全局（NHTSA）的划分方法，智能汽车的发展包括四个阶段：第一阶段是驾驶辅助；第二阶段是部分自动化；第三阶段是有条件自动化；第四阶段是完全自动化。除了百度、谷歌等引领者能够达到有条件自动化之外，其他汽车大都是部分自动化。业内人士预计，国内无人驾驶将在2020年后达到完全自动化的水平。

与西方发达国家相比，我国的无人驾驶技术起步较晚，无法与美国、英国等国家相提并论。尽管如此，我国的人口基础庞大，拥有巨大的市场开发潜力。麦肯锡咨询公司推测，未来中国有望成为全球最大的自动驾驶市场。

尽管国内交通路况比较复杂，增加了无人驾驶发展的难度，但无人驾驶蕴藏的巨大商业价值不容忽视。现如今，我国已经制定了智能网联汽车的发展规划，并建立了相应的统一标准，其发展很有可能在未来赶超西方发达国家。

AI+物流：智慧物流新变革

完善物流等基础设施建设，推进物联网、大数据、人工智能等新一代信息技术在各行业的研究应用，是推动我国国民经济持续稳定增长的有效手段，也是实现中华民族伟大复兴中国梦的必由之路。智慧物流是人工智能等现代科技在物流领域的落地应用，为提高物流业发展水平提供了巨大推力。

互联网企业、物流服务商等都在积极布局智慧物流，京东积极研发无人仓技术，实现仓储环节提质增效；菜鸟物流研发了机器人小G，运用动态识别、智能感知等技术解决最后一公里配送问题。整体来看，人工智能对物流业的影响并非局限于某个领域，而是全方位的，这将会创造巨大的经济效益和社会效益。

计算机视觉、智能机器人、动态识别、自动避障等人工智能技术将深刻改变传统物流业。具体而言，这种影响将在以下几个方面得到充分体现，如图14-3所示。

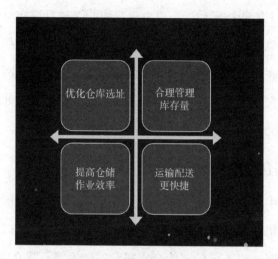

图 14-3 AI 驱动物流业变革

一、优化仓库选址

仓库选址需要海量地理与地图数据提供支持，也要借助地理信息系统软件和地理模型等工具。但国内仓库选址面临地理数据质量低、获取成本高、处理难度大等痛点，给仓库选址建模等工作带来了诸多阻碍。

而人工智能技术的发展与应用，为解决仓库选址问题提供了新的思路。人工智能技术可以帮助企业综合地理位置、运输量、物流成本等多种因素，对相关大数据进行整合并分析，快速建立仓库选址模型，而且随着相关数据的不断积累，该模型将会得到持续优化，从而使选址结果更加客观、精准。

二、合理管理库存量

传统库存管理对人工管理有较高的依赖性，需要管理人员有丰富的经验，这样才能对不同商品存放库位进行整体优化，提高库存量，减少搬运作业；合理安排出入库时间，满足客户实际需要等。显然这种管理人才是稀缺资源，而且库存管理劳动强度大，管理人员要承担较大的工作压力。

而应用人工智能技术后，可以由库存智能管理系统实时分析历史库存数据和实时订单信息，对库存量进行动态调整，避免库存积压，降低企业经营风险，提高库存周转率。为此，企业需要实现库位联网化，基于可视化定位导引、大数据、云计算等技术，打造具备订单实时处理与服务能力的仓储管理系统。

三、提高仓储作业效率

智能仓库中同时存在分拣机器人、搬运机器人、码垛机器人、出入库机器人等多种机器人设备，通过它们的高效协同配合，可以显著提高仓储作业效率与质量。以苏宁的智能仓库实践项目为例，其仓库中配备了200台仓库机器人，在上千平方米的仓库中载运着近万个移动货架，开展商品拣选作业。智能机器人被应用到拣选环节后，不需要人奔波于各种货架中拣选，小件商品拣选准确率高达99.99%，效率达到了人工拣选的3倍。

四、运输配送更快捷

科学合理的运输路线规划，是提高配送效率，降低配送成本的关键所在。传统物流运输由于路线规划不合理，导致货车要多走很长的距离，而且不能避开交通拥堵路段，影响了配送效率。而通过人工智能技术进行路线规划，可以有效解决这一问题，它可以综合路况、运量、天气、能耗等多种因素为车辆设置科学合理的运输路线，并且可以在出现突发状况时，对路线进行实时优化调整。

未来，仓库系统收到配送订单后，会自动根据订单需求让分拣机器人拣选出相关商品，并用传送带运至待发货区打包。然后，搭载智能系统的智能物流车在发货区装满货物后，会对货物目的地信息进行整体分析，自动计算出最优配送路线。之后，智能物流车按照该路线驶往目的地。

和普通物流车相比，智能物流车车厢上安装了自动装运系统，货架和后车门采用一体化设计，搬运机器人为智能物流车装货时，先将其整体取下，装完货物后再搬到车上，从而有效提高装货效率。

当然，人工智能技术作为一种前沿科技，其发展尚未完善，给智慧物流业的发展造成了一定的阻碍，主要体现在以下两个方面：

（1）物流信息化隔离。部门、层级沟通受阻，信息系统缺乏统一标准等，导致我国物流业存在信息孤岛问题。尽管部分大型企业利用物联网技术建立了智能物流系统，但与之合作的供应商、客户等缺乏与该系统相匹配的软硬件设施，导致该系统作用无法充分发挥，反而提高了企业的物流成本。

（2）物流基础数据不完善。物流基础数据是智慧物流发展的核心资源，但很多企业因为认知水平不足、资源缺乏等因素，未能搜集到足够的物流基础数据，更不用说建立智能物流系统。

AI+营销：重塑数字营销新格局

Alpha Go击败世界围棋冠军，《纽约客》封面刊登"人类向机器人乞讨"的画面，李开复将AI与中国作为达沃斯第48届世界经济论坛年会的演讲主题……人工智能正在引发一场新的时代变革，我们都是这场变革的见证者。

AI隐藏着巨大的价值，这一点毋庸置疑，但这些价值只有通过在具体行业落地应用才能实现。其中，在营销领域，智能营销早已成为热门话题。随着营销成本不断攀升，人工智能如何赋能营销，帮广告主降低营销成本，提高营销效率呢？

一、AI改变营销：从信息发布到信息匹配

如果营销人员还在纠结"如何发布广告信息"，就说明其思维还处在传统营销时代。在智能营销时代，与消费者需求相匹配的信息会被智能地推送给消费者，这就要求营销人员不仅要了解自己的产品，还要关注消费者需求，将对用户需求的深度洞察和对商品特征的精细把握相结合。目前，借助大数据技术，营销人员已经可以很好地了解产品特征与用户需求，但还无法让二者实现精准匹配。人工智能技术的引入使该问题迎刃而解。

以搜狗为例，搜狗利用人工智能技术建立了无线自动化匹配体系，可以更好地把握用户在不同场景下的需求。比如，在电商场景中，搜狗了解到用户希望通过价格对比买到质优价廉的商品；在逛街购物场景中，搜狗了解到用户希望在附近发现适合自己口味的餐厅；在查看电影票信息时，搜狗了解到用户希望可以直接选座购票或者看到电影评论。据了解，目前，搜狗配备了自动化匹配体系的搜索产品已覆盖了20多个行业，展示形式多达40多种，可以根据用户需求将20多亿种广告物料用合适的方式展示出来，并针对用户提问给出最恰当的回答。

二、AI助力营销：实现高效的精准对接

2017年10月17日，京东联合搜狗推出"京搜计划"，二者的合作

是人工智能在电商场景中为用户提供精准推荐的一次成功落地。随着消费群体不断细分，电商平台要想源源不断地获取新客户，必须构建一个精细化的运营团队，打造一个覆盖范围极广的媒介，或与这类媒介建立合作关系，精准地把握不同消费群体的不同需求，有针对性地为其推荐商品与信息。但对于电商平台，尤其是综合型电商平台来说，如何将不计其数的商品精准、高效地推送给不计其数的用户，是一项巨大的挑战。

京东与搜狗的合作为人工智能赋能营销做出了成功示范。在这次合作中，京东与搜狗采取了三步走战略：第一步，打通搜狗与京东的数据；第二步，打通搜狗与京东的产品库；第三步，利用搜狗的智能化商业产品曝光京东平台上的数百万件商品。

为了实现第三步的目标，搜狗不仅要洞察海量用户的商业意图，还要对京东商品库中的商品进行细致分析，创建高亮图谱，为用户提供个性化推荐，根据用户需求与喜好自动为其匹配合适的产品。在2017年"双11"期间，京东50%的广告物料都是自动生成的，广告物料生成之后，立即与搜狗的全线产品相结合进行线上推广。搜狗与京东的此次合作之所以能成功，就是因为其技术基础——基于AI的智能匹配已经成熟。

在搜狗的人工智能战略中，推动人工智能技术实现商业化应用，推动人工营销转变为智能营销，为更多合作伙伴与消费者服务是一项重要内容。搜狗希望利用人工智能赋能营销，将人与信息、人与服务、人与商品连接在一起，建立与未来的商业世界的连接。

人工智能爆发出来的惊人潜能，吸引了世界各国的广泛关注，国内外巨头都在积极布局人工智能领域，避免错过这一前所未有的重大发展机遇。

苹果、谷歌、微软、IBM及Facebook五家科技巨头曾经在2016年9月28日达成合作协议，共同成立非营利组织——AI合作组织，通过资源共享推动人工智能发展与行业应用。

未来，AI将会给人类日常生活的方方面面带来重大变革，无人驾驶、智能教育、家庭服务机器人、医疗服务机器人等，将会给人类创造巨大价值，有效降低资源浪费及环境污染。

美国斯坦福大学发布的《2030年的人工智能和生活》报告中强调，长期以来，学术界关于人工智能的概念并未达成一致，而报告将"人工智能"定义为一种致力于实现机器智能化的活动，其中，"智能化"是指让机器在其所在环境中能够恰当地和有预见性地实现自我功能。使软件和硬件具备这种自我实现功能并非一件简单的事情，需要充分考虑速度、规模、普遍性等诸多因素。

第八部分
工业互联网

第15章
工业互联网：赋能智能制造

重塑未来经济之路

网络信息技术与工业的深度融合，培育壮大了数字化、网络化、智能化的新型工业形态，使工业互联网迈向高速发展快车道。为提高制造业竞争力，推动实体经济又快又稳发展，美国、德国、日本等多个国家纷纷加快推进工业互联网建设，我国也不甘落后，从政策、资金、技术、人才等方面为工业互联网发展提供了诸多支持。

工业互联网是推动AI、IoT、互联网、大数据等新一代信息技术与现代工业融为一体的新技术、新模式，是推动制造强国与网络强国战略落地的重要力量。具体来看，大力发展工业互联网对我国经济社会发展的价值主要体现在以下几个方面，如图15-1所示。

一、未来经济持续繁荣的新基石

工业互联网可以有力地推动网络信息技术在生产制造、流通、运行、服务等环节的落地应用，通过信息流助推技术、资金、人才及物资的高效流动，从而实现资源配置优化、全要素生产率提升以及经济的有序发展。

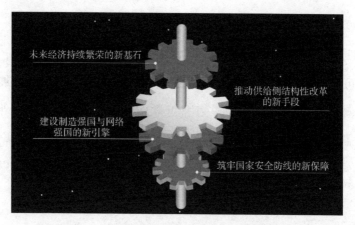

图 15-1　工业互联网对我国经济社会发展的价值

作为一种新型劳动工具，工业互联网实现了人、设备、环境、物料、产品等实体生产基本要素的全面互联，并能够深度发掘工业大数据的巨大价值，有效提升个体与组织的价值创造力。

作为一项新型基础设施，工业互联网为制造、能源、交通、电力等经济社会各部门的智能化升级提供了网络连接与计算处理平台，堪称数字经济时代的通用性基础设施，能够推动经济社会的全面发展。正像阿里云首席智联网科学家丁险峰所说，"未来十年将是工业互联网的时代，就像过去十年是移动互联网的时代"。

作为打造产业发展新体系的重要驱动力量，工业互联网催生了一系列新技术、新应用、新网络及新平台，推动形成智能化、服务化、绿色化的工业发展新体系，为发展高品质、高效率、高溢价的现代服务业保驾护航，助力传统产业的转型升级，并培育和发展战略性新兴产业。

作为培育新经济形态的关键支撑，工业互联网可以有效推动定制经济、分享经济、平台经济等新经济形态在生产领域落地应用，为加速新旧动能转换提供巨大推力。

二、推动供给侧结构性改革的新手段

在我国供给侧结构性改革过程中，工业无疑是一大关键板块，而工业互联网可以改造升级旧动能、释放激发新动能，有效提高产业发展质量与效益。例如：在消化库存方面，工业互联网可以打通企业内部与外部、供给端与需求端，全方位整合生产企业乃至整个产业的资源与能力，最终有效解决库存积压问题；在降低经营管理成本方面，工业互联网可以减少资源浪费、提高设备效能，大幅度加强企业的成本控制能力。

三、建设制造强国与网络强国的新引擎

在制造业全面触网成为主流趋势背景下，推动制造强国与推动网络强国已经深度融合。工业互联网可以进一步加快新一代信息通信技术与工业制造的融合进程，加快发展智能制造，从而成为推动制造强国与网络强国统筹建设的重要着力点。

"中国制造2025"中强调，"以加快新一代信息技术与制造业深度融合为主线、以推进智能制造为主攻方向"。而工业互联网是发展智能制造的基础性技术，将成为推动"智能制造2025"落地实施的有效手段。

同时，工业互联网是实现人、机、物高效连接的新型网络基础设施，为我国发展5G等新一代移动通信技术，增强网络治理能力，革新网络基础设施提供了强大推力。因此，工业互联网将成为推进我国网络强国战略的重要引擎。

四、筑牢国家安全防线的新保障

在工业数据与经济安全方面，为进一步增强国际竞争力，抢占更多的市场份额，微软、IBM等国际信息通信巨头，以及丰田、三星、戴姆勒等

国际制造巨头，都在积极推进工业互联网平台建设，打造了"知名品牌＋高端产品＋主导平台"的新型发展模式。这种局面下，不但中国企业将面临更大的竞争压力，海量工业数据的安全风险也将大幅度增加。因此，建立我国自主可控的工业互联网技术体系以及工业互联网平台，成为保障我国工业数据安全乃至经济安全的有力举措。

在科技安全方面，工业互联网能够有力地推动技术创新，为我国培育一系列高端制造等领域的先进科技。在网络安全方面，大力发展工业互联网是提高我国网络安全的有效手段，而且近年来网络空间与物理空间的边界越发模糊，发展工业互联网可以同时保障网络空间与物理空间的安全。在社会安全方面，工业互联网可以有效加强设备设施安防水平，保障生产过程安全，有效降低车间、工厂等关键生产设施的生产安全风险。

全球工业互联网格局

目前，全球工业互联网处于快速发展期，整体市场格局逐渐清晰、技术标准之争愈演愈烈，行业龙头持续加大关键平台发展力度。

一、全球工业互联网两极多元的总体格局日渐清晰

成立于2014年3月的IIC（Industrial Internet Consortium，工业互联网联盟）是工业互联网在世界范围内推广普及的重要推动力量。该联盟由思科（Cisco）、美国电话电报公司（AT&T）、通用电气（GE）、国际商业机器公司（IBM）和英特尔（Intel）五家公司发起成立，自成立至今，该联盟的主导者始终是美国。2018年12月，IIC宣布与OpenFog联盟合并，从而成

为工业互联网、边缘计算等领域最具影响力的国际联盟。

工业互联网是德国工业4.0的关键支撑部分，随着德国工业4.0的持续推进，德国为工业互联网在全球范围内的推广普及同样提供了重要推力。在发展工业互联网过程中，德国充分发挥制造巨头与"隐形冠军企业"[①]的领先优势，在架构、标准、安全等方面与IIC开展协同合作。与此同时，德国为企业、研究机构等提供资金、政策等方面支持，鼓励后者积极参与IIC技术工作，从而在IIC的帮助下进一步加快了自身的工业互联网建设。

当然，不仅是美国、德国，法国、日本、韩国、印度等国家也为工业互联网发展倾注了大量资源。比如：日本产经省、总务省借助工业价值链创新联盟、物联网促进联盟等，在加快实现工业互联网产业化的同时，积极推进其工业互联网走向国际化；印度则通过鼓励印孚瑟斯、塔塔等巨头企业与美国、德国等国家的制造企业建立长期合作关系，并积极加入IIC等工业互联网国际组织，来提高国际话语权。

二、以工业互联网平台为核心的生态竞争不断升级

在工业互联网领域，工业互联网平台是产业竞争的核心所在。GE（General Electric Company，通用电气公司）、西门子等工业巨头利用自身的高端装备与产品，建立了具有工业设备连接、工业大数据分析、工业应用服务等多种功能的工业互联网平台，从而拥有了"云+端"、"制造+服务"、实体与虚拟相融合等平台优势，意欲在全球工业互联网产业竞争中掌握更多主动权。

---

① 隐形冠军企业（the Hidden Champion）这一概念由德国管理学家赫尔曼·西蒙（Hermann Simon）提出，是指那些不为公众所熟知，却在某个细分行业或市场占据领先地位，拥有核心竞争力和明确战略，其产品、服务难以被超越和模仿的中小型企业。

与此同时，IBM（International Business Machines Corporation，国际商业机器公司）、AT&T（American Telephone & Telegraph，美国电话电报公司）、微软、思科、亚马逊、英特尔等信息通信巨头利用自身在软硬件系统及解决方案方面的强势地位，也在积极发力工业互联网平台。

三、以标准化为战略制高点的前瞻性布局全面提速

标准竞争是市场竞争的重要组成部分，直接影响到各项新兴产业的技术路线、体系设计及产业应用等。当前，推动工业互联网标准化受到了世界各国的高度重视。例如：美国ICC制定了打造全球统一的工业互联网标准的战略目标，并与国际标准化组织、开源组织及区域标准研制部门进行深度交流合作，有效加快了相关标准的研究制定进程。德国"工业4.0平台[①]"建立了标准化机构LNI 4.0（Lab Networks Industrie 4.0，实验室网络4.0），LNI 4.0全面负责制造业网络化与智能化领域的标准研究制定工作，而且ICC与工业4.0平台已经就"标准与互操作"达成合作关系，共同推进相关标准的研究制定。

除了推进工业互联网平台建设以及标准研究制定外，制造企业、信息通信企业、产业联盟及各国政府在建立标准化的工业互联网商业解决方案、培育工业互联网生态体系、加强工业互联网应用安全等方面也投入了海量资源。

[①]　"工业4.0平台"由德国政府成立，是一个致力于协调和推进"工业4.0"发展进程的机构。

我国工业互联网的实践

我国是全世界唯一拥有联合国产业分类中所列全部工业门类的国家，已经成为全球第一制造大国，同时，我国网络信息技术产业也处于蓬勃发展期，这就为我国发展工业互联网提供了诸多便利。

一、工业互联网发展基础良好

（1）工业大国地位不断稳固。

改革开放至今，在国有资本、民营资本、外商资本的联合推动下，我国充分发挥了劳动力资源优势，以及超大规模的市场优势和内需潜力，赢得了"世界工厂"的美誉。

我国不仅工业门类齐全，很大部分门类产能还拥有巨大领先优势，比如在联合国公布的500余种主要工业产品中，我国有220多种产品产量位居世界第一。这就为我国工业互联网提供了广阔的发展空间。此外，我国在高铁、核电、智能电网、通信设备等高端制造方面位居世界前列，从而为我国发展工业互联网带来了多种自主可控的高端智能联网终端。

（2）网络信息技术产业基础不断夯实。

在网络信息技术产业基础设施方面，我国拥有全球规模最大的4G网络，全国98%的行政村通4G信号。截至2019年底，我国基站总数超过841万个，其中4G基站占比64.7%，约为544万个，5G基站总数超过13万个。

同时，我国建成了多个全光网省、全光网市，截至2019年9月底，3家基础电信企业的固定互联网宽带接入用户达4.5亿户，比上年末净增4248万户。其中，光纤接入（FTTH/O）用户达4.11亿户，占固定互联网宽带接入用户总数的91.4%，远高于经济合作与发展组织（OECD）国家的平均水平①。

在网络信息技术产业技术创新方面，我国云计算、物联网、移动通信、高性能计算等关键领域实现重点突破：5G实现大规模应用近在眼前；我国是窄带物联网（NB-IoT）的主要推动者与标准制定者；大数据处理能力与云计算集群规模处于世界领先水平。

在网络信息技术产业发展方面，腾讯、阿里巴巴等中国互联网巨头拥有强大的国际竞争力，截至2019年10月底，我国共有3家上市互联网企业进入全球市值前十强。华为、小米等智能终端企业产品远销海外。

（3）融合基础不断深化。

我国企业信息化应用水平有了长足进步，比如：钢铁、医药、纺织、石化、煤炭、有色金属等行业的关键工艺流程数控化占比高达65%以上，ERP应用率占比达70%以上；数字化设计工具在航空航天、机械、汽车、轨道交通、船舶等行业的普及率达85%以上。

同时，越来越多的传统企业开启互联网化转型，三一重工、徐工集团等国产制造巨头也已经在打造工业互联网云平台，如前者打造了"根云"平台，后者打造了"汉云"平台。虽然这些平台距离国际工业互联网平台仍有一定差距，但得益于我国庞大的市场空间以及优良的发展环境，它们目前已经初具规模。

（4）政策基础不断完善。

我国政府在"中国制造2025"、"十三五"规划纲要、《关于深化制造业与互联网融合发展的指导意见》《关于积极推进"互联网+"行动的指导意见》等多份文件中对推进工业互联网建设进行了突出强调。工业和信息化部积极开展推进工业互联网重大问题研究工作，指导成立了工业互联

---

① 数据来源：《2019年中国宽带发展白皮书》。

网产业联盟，推出了多项工业互联网试点示范项目（仅2018年便确立了72项），从而对我国工业互联网发展产生了巨大推力。

上海、辽宁等工业较为发达的省（市）政府也积极为工业互联网发展保驾护航，以上海市为例，上海市大力推进实施上海工业互联网"533"创新工程：构建"网络、平台、安全、生态、合作"五大体系，落实"功能体系建设、集成创新应用、产业生态培育"三大行动，实现"全面促进企业降本提质增效、推动传统产业转型升级、助力国家在工业互联网发展中的主导力和话语权"三大目标，全力争创国家级工业互联网创新示范城市，并带动长三角世界级先进制造业集群发展。[1]

二、深入推进工业互联网面临较大挑战

虽然我国工业互联网发展整体向好，巨头企业创新引领，技术标准研究制定进程持续加速，国际交流合作不断深化。但我们也应该认识到工业互联网产业是一个庞大的综合性产业，而且我国工业整体"大而不强"，因此，在推进工业互联网发展过程中，我国还必须克服以下阻碍。

（1）产业"大而不强"。

工业网络化、智能化发展水平，对工业互联网发展有直接影响。目前，我国不同地区、不同行业的工业发展水平有明显差距，部分地区与行业的工业发展水平甚至仍处于工业2.0阶段，如果想要发展到4.0阶段，就必须先发展到3.0阶段。

我国关键领域（如系统、软硬件等）技术自主创新能力匮乏，尤其是工业云、工业大数据等工业互联网关键技术与平台尚处于探索阶段。同时，我国无论是拥有整体综合解决方案与全领域覆盖能力的巨头企业，还

---

① 资料来源：《上海市工业互联网产业创新工程实施方案》。

是在工业技术与信息通信技术领域同时具有领先优势的领军企业，抑或是各细分领域的"隐形冠军企业"，数量都较少，从而限制了我国工业互联网产业的发展。

（2）跨界合作不足。

我国制造企业与互联网企业合作交流相对较少，而且以流通、销售、服务等非技术类的合作项目为主，对提高制造业核心竞争力的作用相对有限。高端制造业普遍有极高的技术门槛，一些表面上相似的领域，实际上存在极大的技术差异性。

例如，同属机器人范畴的服务机器人与工业机器人在技术实现方面有明显差异，因为前者是以 AI 为核心，而后者则是以控制为核心。这种情况下，互联网企业与服务机器人企业积累的成功经验很难直接应用到工业机器人项目中。而且大部分制造企业采用的是重资产运营模式，在商业模式不清晰的情况下，它们不愿意尝试转型。

制造行业与互联网行业的特性存在较大差异。制造行业投入成本高、投资回报周期长，也不像消费互联网行业可以轻易拥有上百万的产品用户，从而不能发挥网络效应。而互联网企业对网络效应依赖性较高，如果不能发挥网络效应，它们自然也不愿意与制造企业合作。

此外，互联网企业的能力供应并不能很好地满足制造企业的业务需求。互联网企业提供的普遍是通用性服务，然而制造企业的需求尤其是研发生产方面的需求更多的是专用性需求，从而降低了互联网企业与制造企业的合作意愿与成功率。

（3）部署实施困难较大。

工业和信息化部部长苗圩指出，传统产业占规模以上工业增加值的 80%，仍然是工业经济的主体。受宏观经济影响，很多工业企业面临较大的生存压力，从而限制了其在工业互联网技术研发与应用方面的投入。

同时，我国高新技术产业与战略性新兴产业整体规模相对较小，在工业中的占比相对不足，从而无法充分体现工业互联网等高新技术对工业发展的促进效果。

此外，我国高端人才以及创新要素相对缺乏。虽然我国已经是世界第二大研发经费投入国家，但基础研究与应用研究占比较低。研发经费主要用于基础研究、应用研究、实验发展三大方向，其中，基础研究与应用研究是偏原理的研究，很难像实验发展般直接创造经济效益，但科技创新不能是无源之水，原理研究投入不足，很容易导致后续创新乏力。

推动工业数字化转型升级

目前，全球工业互联网尚处于探索阶段，美国、德国等发达国家虽然有领先优势，但它们的领先幅度相对有限，因此，我国工业互联网存在巨大发展空间。具体来看，未来我国可以从以下几个方向着手推进工业互联网发展，如图15-2所示。

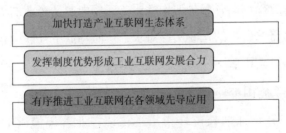

图 15-2　推进工业互联网发展的具体措施

一、加快打造产业互联网生态体系

推进工业互联网发展是一个庞大复杂的系统工程，对整体规划与生态布局要求较高，需要重视供需对接、跨界合作、各企业协同发展、科技创新与人才培养并举。美国、德国、日本等国家的实践案例皆证明了这一观点。对于我国而言，我国工业体系完备，应用场景与需求更为复杂，更需要重视供需对接与跨界合作。

我国政府应加快研究制定推动互联网企业与制造企业跨界合作的利好政策，培育一批具有示范带动效应的开源社区、融合型产业联盟、制造业创新中心，鼓励制造企业与互联网企业加强交流合作，共同攻坚大数据、物联网、人工智能、工业控制等关键技术，并加快推进数据接口、数据平台、网络互联、安全防护等方面的标准化工作。

同时，我国政府还应为需求方与供给方搭建便捷、高效的连接通道，坚持"应用导向""提高系统集成能力与综合服务能力"原则，优先培育一批拥有自主品牌的工业互联网系统方案供应商与应用服务商，从而吸引更多的制造企业实施智能化转型，为工业互联网产业发展增添新活力。

二、发挥制度优势形成工业互联网发展合力

我国工业互联网发展基础较弱，想要弥补这种不足，就需要利用好我国社会主义市场经济条件下集中力量办大事的体制机制优势。具体而言，我国政府应该做好顶层设计工作，进一步加大重大、共性技术领域的资金投入；深化行政审批制度改革，建立满足推动工业互联网发展需求的政策体系，支持工业互联网产业相关产品、业务及模式的发展，为相关企业营造优良的发展环境；借助负面清单、权力清单、责任清单模式，着力完善兜底线、促公平的监管体系，有效增强工业互联网安全保障。

三、有序推进工业互联网在各领域先导应用

我国工业门类复杂多元，再加上部分地区、部分行业需要补上工业3.0的课，因此，在研究制定工业互联网发展政策时，我国政府需要充分考虑不同地区、不同行业甚至不同企业的个性化需求，在确定试点示范项目前充分做好评估论证工作，确保其具有足够的代表性，以便摸索出真正适合各地区、各行业及各企业实际需要的发展模式。

需要注意的是，交通、能源、农业等很多行业与工业联系非常紧密，这些行业也像工业一样需要借助互联网的力量推动产业的转型升级。IIC等国际工业互联网联盟将推动工业互联网发展的经验推广到了智慧城市、智慧电网、智慧医疗、智慧能源等领域，并初步取得了良好效果。因此，我国政府及产业联盟等不妨向其学习借鉴，从推进工业互联网发展过程中摸索产业互联网发展模式、路径等，从而为交通、能源、农业等行业的发展提供巨大推力。

第16章

平台赋能：驱动企业数字化

工业互联网平台架构

近年来，我国工业化进程日渐提速，人力成本与生产制造原料成本不断攀升，消费者越发重视产品工艺与品质，企业发展方式逐渐从要素驱动、大规模生产转变为创新驱动、质量提升。同时，传感器、存储设备、感知设备、传输网络等工业设备设施持续迭代，再加上现代科技的广泛应用，推动着产品制造过程、生产方式、服务模式等不断创新。这种背景下，制造企业必须积极拥抱新变化、新技术、新趋势，搭上工业互联网"快车"，加快自身的数字化转型。

在工业和信息化部指导下，工业互联网产业联盟对工业互联网术语与定义进行了汇总，编制了《工业互联网术语与定义（版本1.0）》报告（以下简称报告）。在报告中，工业互联网被定义为"满足工业智能化发展需求，具有低时延、高可靠、广覆盖特点的关键网络基础设施，是新一代信息通信技术与先进制造业深度融合所形成的新兴业态与应用模式"。

工业互联网使原材料、产品、机械设备、控制单元、信息系统以及人实现互联互通，利用对工业数据的全面深度感知、实时传输交换、快速计算处理与高效建模分析，有效推动运营控制、运营优化等生产组织方式革新。

报告将工业互联网平台定义为"面向制造业数字化、网络化、智能化需求，构建基于海量数据采集、汇聚、分析的服务体系，支撑制造资源泛在连接、弹性供给、高效配置的工业云平台"。工业互联网平台可以广泛采集数据、支持海量工业数据的深度处理与分析，从而帮助企业沉淀和复用知识。

泛在连接、云化服务、知识积累、应用创新是工业互联网平台的重要特征。从功能方面来看，工业互联网平台不但有智能感知、网络传输、智能应用等通用物联网平台功能，还能够对生产现场各要素进行科学有效的计划、组织、协调、控制与检测，始终确保其处于良好的结合状态，助力实现安全、高效、文明生产。工业互联网平台架构主要包括基础设施层、支撑平台层与工业应用层三大部分，如图16-1所示。

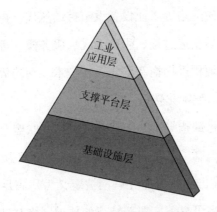

图16-1　工业互联网平台架构

一、基础设施层

由采集设备与网络基础设施构成的基础设施层处于工业互联网平台的最底层。其中，采集设备可细分为RFID（Radio Frequency Identification,

射频识别）、传感器等技术与设备，它可以将设备接入并集成至云端，通过协议转化确保海量工业数据的互联互通与互操作。网络基础设施可细分为服务器、存储器、网络设施等基础设施，它可以通过边缘计算技术进行数据预处理（如剔除错误数据、缓存数据等）与边缘实时分析，从而有效缓解网络传输负载与云端计算压力。

二、支撑平台层

由制造管理平台、物联网技术平台、大数据处理平台构成的支撑平台层处于工业互联网平台的中间层位置。支撑平台层在工业互联网平台中的作用主要是为工业用户提供数据管理与分析服务，积累各行业、各领域的技术、知识、经验等资源，并对资源进行封装、固化与复用。此外，工业互联网平台还能将资源以工业微服务的形式提供给开发人员。

制造管理平台的主要功能是建立业务模型、数据模型、流程引擎与各种开发工具，从而使企业获得各类工业应用软件。物联网技术平台的主要功能是帮助设备接入网络，并对数据进行存储及处理。大数据处理平台的主要功能是从海量设备数据中挖掘出有较高价值的数据，从而为企业的运营管理（如生产安全监控、能耗分析、故障诊断等）提供有效指导与帮助。

三、工业应用层

工业应用层的主要功能是通过云化软件的形式，为工业用户提供一套完善的制造应用与创新性应用服务，比如专家诊断、设计仿真、生产管控、业务协作等。以专家诊断为例，专家诊断可让制造企业及时找到设计、生产、装配、试验、售后等环节的问题，并给出针对性的建议，促进企业的精益化、规范化生产。

工业互联网平台类型

按照服务对象与应用领域，我们可以将广义的工业互联网平台分为资产优化平台、资源配置平台与通用使能平台三大类，如图16-2所示。下面我们对这三类工业互联网平台的特征、作用等进行分析。

图16-2 工业互联网平台类型

一、基于制造云的资产优化平台

该平台是打造未来制造业核心竞争力的重要组成部分，主要功能是管理工业设备资产，主流玩家是工控企业与大型设备生产商。在管理工业设备资产过程中，该平台将利用传感器、移动互联网等技术搜集终端设备、环境等数据，并通过AI、大数据等技术在云端分析设备运行状态、性能状况等，推动企业的智能化生产与决策。

二、基于制造云的资源配置平台

该平台可增强区域协同与产能优化，并支持以C2M定制为代表的一系列新型业务，它能将制造企业的闲置制造能力提供给需求方，从而提高其资源利用效率。

该平台利用云接入、云处理等技术将海量无序、离散的工业数据、模型算法、研发设计等资源与能力整合起来，帮助制造企业完善资源管理、生产制造、业务流程、供应链管理等诸多环节，实现制造企业与外部用户需求、创新资源及生产能力的无缝对接。

三、通用使能平台

该平台主要为上述两类平台提供基础性、通用性的云计算、物联网及大数据服务。例如，在该平台的帮助下，物联网开发团队将免除下层基础设施扩展、数据管理与归集、通信安全、通信协议等困扰，实现物联网应用的快速开发、部署及管理应用。

工业互联网帮助上述三类平台与物理载体实现了直接或间接的连接。其中，终端设备、生产过程是资产优化平台的直接优化对象，它可与底层物理设备进行深度交互，对技术积累与智能装备发展水平提出了相对较高的要求；资源配置平台具有较高的垂直行业属性，其建设难点在于必须具备高水平的信息化集成应用与供应链管理水平；而建设通用使能平台的重点是确保工业互联网产业体系的基础设施相对完善。

四大主流应用场景

一、面向工业现场的生产过程优化

在工业生产过程中，企业可以利用工业互联网平台对现场生产数据（如设备运行数据、工业参数、质量检测数据、物料配送数据、进度管理数据等）进行快速采集，并通过数据分析为制造工艺、生产流程、设备维护、能耗管理、质量管理等方面的优化完善提供有效指导与帮助。

• 在制造工艺方面，企业可以借助工业互联网平台来分析工艺参数、设备运行状态等数据，从而对制造工艺的细节进行优化完善，提高产品品质。

• 在生产流程方面，企业可以利用工业互联网平台来分析生产进度、物料管理等数据，从而提高排产、物料、人员等方面的管理水平。

• 在质量管理方面，企业可以利用工业互联网平台来开展产品检测数据与过程数据（如人员、机器、原料、方法、环境等）的关联性分析，从而实现线上质量检测与异常分析，有效降低次品率。

• 在设备维护方面，企业可以利用工业互联网平台来分析设备历史数据及实时运行数据，从而监测设备运行状况，并在设备存在故障隐患或发生故障时，及时通知维修人员维修。

• 在能耗管理方面，企业可以利用工业互联网平台对工业生产各环节、各设备的能耗进行分析，为企业能耗优化提供建议，降低企业经营成本。

二、面向企业运营的管理决策优化

在企业运营管理过程中，企业可以利用工业互联网平台对生产现场数据、企业管理数据、供应链数据等进行分析，来提高自身的经营管理效率，实现精益化管理。

• 在供应链管理方面，企业可以利用工业互联网平台实时监测现场物料消耗情况，并结合库存情况，自动向供应商下单，这不但能确保物料及时供给，还能避免出现库存积压。

　　• 在生产管控一体化方面，企业可以利用工业互联网平台集成业务管理系统、生产执行系统等，将现场生产与企业管理融为一体，提高企业管理水平。

　　• 在企业决策管理方面，企业可以利用工业互联网平台来对企业内部数据与外部市场数据进行综合分析，从而提高企业决策效率，并降低决策失误率。

　　• 在企业决策管理场景中，工业互联网通过对企业内部数据的全面感知和综合分析，有效支撑企业的智能化检测。

三、面向社会化生产的资源优化配置与协同

　　在促进资源配置优化，推动社会化生产方面，在工业互联网平台的帮助下，制造企业可以与外部的技术供应商、物料服务商、原料供应商等协同合作，从而打通原料、设计、制造、物流、服务等环节，显著提高产品与服务质量。

　　• 在协同制造方面，供应链平台可以集成设计企业、生产企业、供应链企业的业务系统，从而缩短产品生产周期，提高资源利用效率。

　　• 在制造能力交易方面，工业互联网平台可以将制造企业的闲置制造能力开放给外部需求方，这既能满足个体与组织的分散、个性的生产需要，还能为制造企业增加订单。

　　• 在个性化定制方面，工业互联网平台可以将制造企业与终端消费者无缝对接，从而实现按需生产、定制生产。

四、面向产品全生命周期的管理与服务优化

在产品全生命周期管理方面，工业互联网平台可以对产品的设计、生产、运行等数据进行全面管理，使企业可以为用户提供产品流通溯源、产品维护等产品全生命周期服务，并帮助企业利用用户反馈数据对产品进行更新迭代。

- 在产品溯源方面，企业可以通过工业互联网平台记录产品的设计、生产、物流、服务等信息，形成产品档案。有需求的消费者可以在平台上查询相关信息，从而对产品有更为深入的认识，并确保产品质量与安全等。
- 在产品在线维护方面，工业互联网平台可以实时分析产品的历史数据与实时数据，从而帮助企业对产品进行在线维护，有效提高用户体验。
- 在产品更新迭代方面，工业互联网平台可以将用户数据的分析结果及时反馈给企业，从而帮助企业对产品进行持续升级和迭代。

构建工业互联网生态圈

一、推动制造企业上云

新一代信息通信技术从消费环节向制造环节拓展，为工业互联网平台的出现提供了优良的应用环境。未来，制造企业想要在激烈的竞争中脱颖而出，必须加快推进自身信息化、数字化建设，积极实施"企业上云"战

略；对IT架构进行持续优化，大力发展服务企业内部的智慧经营管理平台与私有云平台，以及服务企业外部的客户与用户的共有云平台；积极对网络基础设施、数据资源、信息系统、制造设备工具等资源进行云化改造，将资源共享、协同应用及系统集成的成本降低到可接受范围。

二、开展设备智能化改造

制造企业需要积极引进机器人、智能机床等智能装备，并对现有设备进行智能化升级，积极开展机器设备工业级组网建设；重视智能制造技术积累与相关人才培养，对设备、人员、工具、零部件等制造资源进行充分整合与利用，提高协同制造能力与设备利用率；实时采集并分析生产状况、生产质量、设备状态、能源与物料消耗等信息，确保产品检测、质量检验与分析、生产物流等与生产过程的闭环集成。

三、加强数据互通与共享

实现各类数据尤其是工业设备级数据与设备操作级数据的互联互通，是工业互联网得以落地应用的必备条件。为此，制造企业必须加快完善工业级数据标准化体系，推动协议转换与设备联网，增强自身的数据搜集、分析及安防能力，发展跨领域的数据互通、资源协同、平台互联及业务互认，最终实现数据驱动创新。

四、构建互联网良性生态

想要打造完善的工业互联网平台生态，仅凭某家制造企业的单打独斗几乎不可能实现。因此，政府部门与产业协会要做好顶层设计工作，加快研究制定制造企业工业互联战略与规划。比如积极引导制造企业与设备和零部组件供应商、外协生产商、设备制造商、平台供应商、软件开发商、系统集成商等各方协同合作，从而建立支撑工业互联网实现可持续发展的优良生态，培育并发展智能生产、网络协同、服务延伸、个性定制等新兴业态，全面助推制造业的转型升级。

相关企业也应该积极配合政府部门与产业联盟工作，持续推进自身的云基础设施与设备智能改造，增强自身对工业数据的搜集与应用能力；加强数据规范使用，实现数据在企业设备、车间、部门、岗位及合作伙伴间的实时双向流动，在提高自身市场竞争力的同时，为我国制造业转型升级贡献能量。

第九部分
卫星互联网

第17章
卫星互联网：掀起全球太空竞赛热潮

卫星互联网"新基建"

2020年4月20日，国家发改委创新和高技术发展司司长伍浩在经济运行发布会上对新基建中的"信息基础设施"作了具体阐释：信息基础设施是以新一代信息技术为基础演化生成的基础设施，如网络基础设施、算力基础设施等，其中网络基础设施包括5G、物联网、工业互联网、卫星互联网等，算力基础设施包括数据中心、智能计算中心等。在这次发布会上，卫星互联网第一次被纳入"新型基础设施"。

继有线互联、无线互联之后，卫星互联网成为第三代互联网基础设施革命的主角。建立低轨卫星星座项目，铺设太空卫星网络，利用"太空互联网"实现地面用户终端设备互联互通，做到全方位覆盖，相当于每个人都拥有一个随身Wi-Fi。

一、卫星互联网的概念内涵

作为一个新兴名词，卫星互联网在不同文献中有着不同的定义：

（1）卫星互联网，又称"广播互联网"，是一种能独立运行的网络系统，同时也是互联网的一个重要组成部分。该网络系统以VSAT系统为基础，以

IP为网络服务平台，以互联网应用为服务对象，具有强大的广播功能。

（2）新兴卫星互联网星座，是一种功能强大的巨型通信卫星星座，它不仅能提供广泛的数据服务，还能实现高效的互联网传输功能，主要包括以下几项内容：

- 星座规模：是由成百上千颗卫星组成的巨型星座。
- 星座构成：由运行在低地球轨道（LEO）的小卫星构成。
- 提供服务：主要是宽带的互联网接入服务。
- 发展互联网星座的企业：主要是非传统航天领域的互联网企业。
- 项目发展的起始时间：2014年底至2015年初。

随着互联网的蓬勃发展，人们对网络通信的要求也越来越高，但仍有一些问题摆在人类的面前，如互联网的覆盖仍然会在一些地区受到限制，一些移动用户应用需要更高速的网络支持，通信信号容易受到自然灾害的影响，网络资源被广播类业务占用过多，等等。而卫星互联网正是针对地面网络的不足而建设的。

卫星通信的好处不胜枚举，如它的覆盖范围非常广、信息容量非常大、不受地域影响、可实现信息广播等。建立卫星互联网是重要的地面通信补充手段，一旦将卫星互联网接入千家万户，就能实现"边远散"地区、海上、空中的全方位覆盖，解决多种互联网服务问题。

二、万亿级规模的战略意义

卫星互联网对国家来说具有战略意义，它直接影响着国家的战略安全。其在国防领域有助于军事通信、导弹预警等；在民用领域可摆脱地形、地域限制，实现全方位覆盖，解决传统地面通信难以解决的难题。

随着5G商用时代的到来，云计算将可能迈入太空领域。相较于地面云计算，太空云计算将更加高效。卫星互联网是一种无地域差异的网络，能覆盖到地面通信网络无法覆盖的区域，无论海上、空中，还是跨境、"边远散"地区，都能正常工作。卫星互联网可面向全球完成无缝覆盖，实现全天候万物互联，它挣脱了地面通信基站的限制，以卫星星座铸就新的网络神话。

"互联网+"时代需要实现万物互联，而天基物联网系统正是实现这一需求的基础，新一代天基物联网系统不仅是万亿级规模的新产业，还是维护国家安全的保障。据麦肯锡预测，在2025年之前，卫星互联网的产值保守估计能达到5600亿美元，最高可达8500亿美元。

组网和应用是卫星互联网产业的两个发展阶段。作为前端市场，组网市场除包含卫星的制造、发射等业务外，还包括卫星的联网、维护业务。随着硬件的快速投入，卫星的制造和发射业务将率先迎来"爆发点"。

卫星的组成主要包括卫星平台和卫星载荷。其中，卫星平台供应商是甲方的一级供应商，具有总装卫星的权能。卫星载荷产业链则可能由多家企业共同构成。卫星制造分为组部件制造、分系统制造和卫星整体制造。随着科技的不断进步，低轨通信卫星星座的建设周期大大缩短，人们对低成本小卫星的需求也越来越高。

从未来趋势上看，卫星制造将朝着小型化、模块化方向发展，小卫星产业将在不久后迅速崛起，这也会带动卫星制造行业的发展。据SIA统计，全球卫星制造在2018年的总收入达到195亿美元，比2017年增长26%。

时至今日，在全球范围内，仍然存在"无互联网"地域，这些地区基础设施严重缺失，业务密度十分稀疏，人口约占全球总人口的49%。也就是说，全球有接近一半的人口存在无网可用的情况。要填补这些区域的网络空白，建设卫星互联网是主要手段。

传统通信网络无法覆盖的地方，利用卫星通信技术都能实现网络覆盖，而且卫星互联网基础设施与地面通信网络基础设施相比，不易受到物理攻击和自然灾害的影响，其抗毁性更强，传输容量更大，性能更稳定可靠，同时由于不受地形和地域限制，其网络覆盖范围更广。随着卫星发射技术的逐渐成熟以及小卫星制造成本的降低，人们可以利用更低的成本来构建大规模卫星互联网星座体系，这也是实现5G、IoT、M2M的有效方案。

卫星网络与5G网络的融合

近年来，卫星通信技术得到迅速发展，互联网的应用环境不断变化，全球对卫星宽带接入的需求也不断增长，农村、山村等边远地区的互联网接入已经成为亟待解决的问题。卫星互联网开始走上历史舞台，卫星通信与互联网的结合将成为未来发展的必然趋势。与卫星通信系统相比，卫星互联网的服务对象是互联网应用，承载平台由统一的网络层构成，它既是互联网系统的有效组成部分，又可以作为一个独立运行的网络系统。

卫星星座是提供互联网服务的关键，从卫星互联网的发展历史来看，卫星星座早已不是什么新兴事物，它的发展已有近30年历史，只不过由于一些项目尚未实施、中途折腰或应用有限，其发展速度相对缓慢。

随着近几年的发展，谷歌、脸书等互联网巨头开始推动和支持创新型企业打造星座系统，如有些创新型企业已经着手计划打造低轨小卫星星座系统，其中的代表企业包括美国的 Space X、OneWeb 等。无疑，随着这些卫星计划的实施，人类在太空领域的竞争愈加激烈，特别是对太空互联网接入新资源的争夺，已经掀起了全球性的热潮。

2017年，SaT5G 联盟正式成立。该联盟致力于设计出一种将卫星网络和 5G 网络无缝组合的最佳方案，联盟的创立者除卫星行业的机构外，还有电信运营商、高校等机构。该一体化信息网络一旦建成，计划首先在欧洲进行试用。

2018年，国际电信联盟（ITU）为探索 6G 网络，成立了 Network 2030 研究组。在探索 6G 网络的过程中，卫星网络与地面网络的融合是 Network 2030 研究组的一个重要课题。同年，通信标准化组织 3GPP 成功制定出非地面网络解决方案，该方案涉及不同类型的卫星，是实现 5G 网络与卫星网络相融合的理想方案。该方案不仅能促使卫星网络与地面网络相融合，使 5G 服务具有全球覆盖、移动性、普遍性、可靠性和安全性等关键性能，还能使卫星网络从 5G 网络的能力中受益，通过相关标准应用来降低终端开发、部署和运营成本。

2019年，我国 5G 网络开始步入商用时代。作为极具潜力的新兴网络，5G 具有至高的战略目标，即实现人与人、人与物、物与物的连接，从而开启"万物互联"的新时代，其首要任务是全面实现移动宽带覆盖。

卫星通信可以不受地理位置和特殊场合的影响，其覆盖面积广、部署迅速，是实现特殊地面通信的有效手段。目前，5G 网络的部署正在加紧推进，物联网产业也在不断发展，许多行业和客户的需求越来越高，他们希望卫星网络和 5G 网络能够融合，实现全球无缝覆盖的一体化信息网络。

当前，我国在高轨卫星的产业储备上具有一定优势，也基本明确了低轨卫星的发展规划，各企业正在积极展开相关的技术研发和产业推进。但同时，我国在卫星互联网的建设方面也遇到了诸多问题，如跨部门协调难度较大、卫星产业应用起步较晚、产业化水平不高等。因此，我国迫切需要构建完善的卫星产业生态，它可以建立并完善军民融合发展机制，激发产业发展的积极性和创造性，多方面推动产业各环节协同发展，等等。

卫星网络与5G网络的融合涉及多方面因素，如频谱、空口技术、网络拓扑结构等，这就需要政府、企业、标准化组织、科研机构等相互合作才能完成。中国要凭借在5G产业方面的优势，积极参与到国际5G卫星标准的制定工作之中，争取获得5G卫星标准制定的主导权。同时，还要积极与欧盟、俄罗斯在卫星互联网领域展开合作，积极参与相关国际标准的制定，不断提升我国在卫星互联网领域的国际影响力。

航天大国的太空战略竞赛

卫星互联网已经成为各国战略布局和竞争的焦点，其原因主要有三个：第一，它具有重要的国家战略地位；第二，它具有巨大的市场经济价值；第三，它的轨道、频谱资源稀缺。

作为航天强国，美国在发展卫星互联网方面具有很大优势，其卫星制造行业发达，航天发射技术先进，在国际市场上占据绝对优势。另外，美国在许多关键产业环节上也处于领先地位，如卫星通信系统的射频、终端等环节优势明显。为推动航天产业发展，美国制定了一系列应对政策，如频谱共享监管政策、卫星安全间距监管政策等，同时还在这些方面率先制定了严格的标准，这些抢占先机的做法将在未来对其他国家和相关国际组织产生深远影响。

以低轨通信卫星的轨道为例，由于低轨通信卫星轨道的高度十分有限，频段高度集中，各国相关的方案中甚至出现了不同星座卫星轨道重叠的情况。为了协调国际卫星轨道和频率，美国联邦通信委员会（FCC）做了大量相关工作，这有助于避免恶意竞争和提升卫星技术水平，推动美国民营卫星事业有序、稳步发展。另外，美国还全力推动企业加速卫星发射进度，这有利于其对全球轨道和频谱资源的抢占。

在2025年之前，美国计划借助OneWeb、Space X等公司在卫星领域的优势将卫星网络与5G网络相结合，实现全球网络的覆盖，这可能帮助美国在中美5G竞赛中获得优势。

为确保卫星网络与5G网络的精准融合，欧洲航天局（ESA）提出了"5G卫星计划"，分阶段、标准化地展开行动。欧盟还提出强制要求——"自2022年3月17日起，凡是进入欧洲联盟市场销售的所有智能手机，均应具备接收伽利略（欧盟研制和建立的全球卫星导航定位系统）信号的能力"。

我国商业航天虽然起步较晚，但现已步入正轨。目前，我国新兴卫星制造企业纷纷推出商业卫星星座计划，一些企业已完成了数颗卫星的成功发射。据相关统计，我国企业计划在未来3年内发射升空的微小卫星总数大约有300颗，如果每颗卫星的平均重量为100千克，发射卫星的价格为每千克2万美元，那么仅国内微小卫星发射就可创造2亿美元的市场规模。

我国从事卫星制造的企业及单位主要有：国有航天军工集团、中国航天科技集团、中国航天科工集团、中国科学院微小卫星创新研究院、欧比特、天仪研究院、银河航天、九天微星、微纳星空等。近年来，微小卫星制造成为国有企业和民用航天企业的重要发展方向，各企业积极参与和聚焦小型卫星制造，并迅速成长起来。

其中，国有航天军工集团、中国航天科技集团、中国航天科工集团是卫星制造领域的龙头企业，能够制造各类卫星，其优势主要体现在技术创新、资金配套、重大航天科技项目和基础设施等方面。

卫星发射业务主要包括两个部分：发射场服务和火箭研制。据SIA统计，全球卫星发射业务在2018年的收入为62亿美元，比上一年增长34%。未来几年内，低轨卫星发射量将持续增长，发射业务收入也将保持较快增长。

2019年6月10日，国家国防科工局与中央军委装备发展部联合发布《关于商业运载火箭规范有序发展的通知》。该通知明确了商业发射的地位，规范了商业发射的科研、生产、试验、发射、安全和技术管控等生产经营流程，杜绝了模棱两可的情况，对行业的健康、有序发展起到了积极作用。

近年来，随着全球卫星互联网络的快速发展，我国对星座轨道、频谱资源的需求不断增长。未来，中国的通信卫星很可能会面临无频可用的尴尬局面，所以，加快卫星网络资源的申报和储备是当务之急。

我国低轨卫星互联网战略布局

通信卫星根据轨道高度的不同一般可分为三类：第一类是低轨卫星（LEO，Low Earth Orbit），轨道高度为500~2000千米；第二类是中轨卫星（MEO，Medium Earth Orbit），轨道高度为2000~36000千米；第三类是高轨地球同步卫星（GEO，Geosynchronous Earth Orbit），轨道高度为36000千米。

其中，低轨通信卫星是当前产业发展的热点。低轨通信卫星具有通信时延短、数据传输率高、覆盖范围广等优点，更易实现手机类小型用户终端设备的链接，所以更适合大众市场。

在低轨通信卫星系统发展之初，企业面临着许多技术和成本上的问题，但随着通信技术和电子元器件制造的发展，这些制约低轨通信卫星系统发展的问题正在逐步得到解决。

• 卫星的设计趋于小型化。重量轻、体积小的卫星设计成本较低，发射风险较小。同时，商业组件逐渐成为卫星项目中的主流元件，这有利于卫星的批量化、规模化制造。这些因素都能大大降低卫星的研制成本，缩短卫星的生产周期。例如，Space X 所制造的卫星可以将质量控制在 200 多千克，而美国 OneWeb 每月可以生产的小卫星约有40颗。

• 火箭发射技术实现了重大技术突破。Space X 公司不仅掌握了火箭回收利用技术，还掌握了"一箭多星"技术，这些前沿技术可以大幅度降低卫星的发射成本，提升卫星的实际经济效益。据报道，Space X 计划用一架火箭将 60 颗卫星送入轨道，OneWeb 公司可以实现一架火箭搭载 36 颗小卫星。

• 卫星接收终端趋于小巧化、手持化。近年来，随着通信技术的快速发展，卫星信号的抗干扰和抗衰减能力有了大幅提升，同时由于 Ku/Ka 等高频段的普及，卫星接收终端的信号捕捉能力更加强悍，这有利于接收终端朝着体积小、重量轻的方向发展。市场上，人们更青睐低功耗、宽带化、体积小、质量轻的卫星信号接收终端，这也反过来促使卫星系统朝着小型化、低轨道、覆盖面积广、系统容量大的方向发展。

一、各国政府和产业界双轮驱动

低轨宽带卫星系统在政府企业网络、军事通信、基站中继、航空机载、海事通信等方面有着广泛的应用。太空网络在军事上原本只是作为支援陆海空作战的辅助工具，但现在它在战争中的作用逐渐凸显，国家要想掌握未来战争的主导权，就必须掌握卫星互联网，占领太空的新阵地。卫星互联网能帮助终端用户在不同国家之间实现跨境访问互联网，同时也能在特定场景下替代海事卫星等高成本通信手段，实现海上、空中、边远地区的低成本宽带网络接入。

卫星互联网现已被各个国家视为战略发展的重要组成部分，其在国防领域具有举足轻重的地位，由于它的空间频轨资源十分稀缺，同时又具有巨大的市场经济价值，所以成为各国关注的焦点，各国企业为了抢占发展先机，争相发布卫星通信网络建设计划。

国际对卫星轨道和频率资源的分配遵循"先申报先使用"原则，各国通过发展卫星互联网开始积极抢占空天资源。卫星轨道和频率资源有限，而卫星互联网计划中对卫星星座的部署动辄需要上千颗的卫星，各国卫星通信企业之间的竞争十分激烈，为了缓和资源和资金缺口，各国企业开始展开多元合作和持续融资。

卫星互联网在产业层面的发展稳步推进。许多商业卫星公司，比如OneWeb、Space X等为了实现卫星互联网的商业化，不断吸纳社会资本，并对卫星的频谱和轨道资源进行优化布局。还有不少大型互联网企业，如谷歌、Facebook等通过投资与合作加入到卫星互联网的发展浪潮中。

近几年，低轨宽带卫星星座项目变得炙手可热，不同国家的企业纷纷制订相关计划，具有代表性的企业主要集中于美国、中国、俄罗斯、加拿大、英国等卫星技术较强的国家。在这些项目方案中，计划发射的卫星总数高达2万多颗。目前，全球低轨宽带卫星项目已经进入大规模部署阶段：美国Space X公司在Starlink计划的初期计划发射卫星1.2万颗；美国OneWeb公司已经将首批6颗卫星送入轨道；中国的鸿雁、虹云等企业也已发射试验卫星。

通信卫星的正常运行需要轨道和频谱资源的支持，而要想获得这些资源，就需要率先制订低轨宽带卫星项目计划，提前申请频率和轨位。目前，各国企业纷纷加快发射进程，争相抢夺卫星互联网发展的先机。全球主要国家低轨卫星项目的进展情况如表17-1所示。

表 17-1　全球主要国家低轨卫星项目的进展情况

项目	国家	卫星规模	进展与计划
OneWeb	美国	一期规模共648颗卫星	2019年2月开始发射卫星，计划2020年开始提供商业服务，2021年提供全球服务
SpaceX Starlink	美国	一期规模4409颗卫星，计划发射1.2万颗卫星	2019年开始发射卫星，2020年开始提供全球服务，计划2024年完成一期发射计划
LeoSat	美国	一期规模共108颗卫星	2019年开始发射卫星，计划2020年开始提供全球服务
TeleSat	美国/加拿大	一期规模共117颗卫星	2018年开始发射卫星，2019年与谷歌的热气球项目（Loon）和蓝色起源的运载火箭合作，计划2022年提供全球服务
鸿雁	中国	一期规模共60颗卫星，计划发射300颗卫星	2018年12月发射首颗卫星，计划2022年完成一期建设并投入运营，2025年完成二期建设覆盖全球
虹云	中国	一期规模共156颗卫星	2018年12月发射首颗卫星，计划2020年覆盖中国和亚太，2022年完成星座部署，具备全面运营条件后，可提供全球无缝覆盖的宽带移动通信服务

二、我国低轨卫星互联网战略布局

中国将低轨卫星互联网纳入"科技创新2030—重大项目"之中，以构建天地一体化信息网络。该项目的主要研究方向是在卫星网络和移动网络之间实现互联互通。这种一体化信息网络可以为用户提供全球覆盖、随遇接入、无感切换、安全可信的通信服务。

在中低轨卫星部署方面，国外企业启动和发展相对较早，现已步入小卫星密集部署阶段。我国企业与之相比存在一定差距，要想实现赶超，就需要借助国家顶层设计和企业分工合作等方式。

- 卫星系统运营及服务：中国卫通是我国唯一的卫星通信运营商，移动、联通和电信是NTN天地网融合地面运营商。
- 地面设备制造：中国卫通和中国卫星是我国主要的地面站设备厂商；华力创通（基带芯片、终端）、振芯科技（数字处理芯片、基带芯片、终端）、海格通信（导航基带芯片、终端）、金信诺（通信终端）及传统消费电子终端企业是我国主要的地面终端核心芯片厂商；中兴通讯、烽火通讯等是我国主要的传统运营商设备企业。

中国航天科技集团、航天科工集团是我国卫星互联网建设的领导者，由航天科技集团主导的"鸿雁星座"和由航天科工集团主导的"虹云工程"是我国两大低轨通信互联网系统，也是目前可比肩美国Starlink、OneWeb等星座计划的中国工程。

航天科技集团和航天科工集团拥有先进的卫星制造、火箭发射技术，它们不仅是我国航天的中坚力量，还是中国军备导弹领域的中流砥柱。其雄厚的实力和卓越的科技将为我国卫星互联网组网建设发挥举足轻重的作用。

第18章
国外卫星互联网发展现状与趋势

高轨宽带卫星通信系统

　　国际电信联盟将卫星通信业务划分成三类，分别是卫星固定通信业务、卫星移动通信业务和卫星广播通信业务。近十年来，在互联网和宽带多媒体通信的推动下，卫星通信不断朝着宽带化、网络化方向发展。许多企业开始对传统卫星固定业务和卫星移动业务进行模糊化处理，两者的界限越来越不明显，卫星通信发展的主流已经演变成宽带卫星通信的发展。

　　目前，宽带卫星通信的发展已经成为行业内的焦点，不仅新兴的互联网商业对其予以极大关注，就连传统的卫星通信公司对其也较为重视。不同的宽带卫星通信系统基于不同的轨道，这些系统有的已经投入运营，有的正在建设，有的还处于提出方案设想阶段，这些系统都能向各自的用户提供卫星互联网接入服务，各大互联网企业在抢占互联网宽带接口方面的竞争愈演愈烈。下文我们分别从高、中、低轨三个方面介绍国外卫星互联网的发展，在本节内容中我们首先对高轨宽带卫星通信系统进行详细分析。

　　高轨宽带卫星通信系统分为两大类，一类是面向企业级用户的通信系统，如早期的IPSTAR、宽带全球区域网（Broadband Global Area Network）、Spaceway-3等，另一类是面向大众需求的通信系统，如后期的 Exede Internet。

一、IPSTAR 卫星通信系统

IPSTAR 卫星通信系统发射于 2005 年 8 月，它覆盖了亚太地区 22 个国家和地区的高轨宽带业务，是当时全球容量最大的卫星通信系统。IPSTAR 卫星通信系统为用户提供的高轨宽带业务主要包括宽带网接入、多媒体广播、视频会议等。IPSTAR 卫星采用 Ku/Ka 混合频段，为亚太地区提供的波束分别是 84 个 Ku 频段点波束、18 个 Ka 频段点波束、7 个地区广播波束和3 个 Ku 频段赋形波束。IPSTAR 卫星通信系统的总带宽高达 45G，其中 12G覆盖中国全境。

二、宽带全球区域网

宽带全球区域网可以支持移动业务，它是一种以 Inmarsat-4 卫星为基础的全球卫星宽带局域网。该卫星通信系统的工作频段处于 L 波段，上行速率是 72~432kbps，下行速率是 216~432kbps，全球陆地覆盖率高达 85%，主要服务类型包括视频直播、宽带网络接入等。宽带全球区域网主要实现了三大转化，一是从模拟向数字的转化，二是从传统电路交换向因特网业务的转化，三是从窄带话音数据向宽带高速数据的转化。

三、Spaceway-3 卫星通信系统

Spaceway-3 是休斯网络系统公司于 2007 年建设完成的卫星通信系统。该卫星是世界上首颗具有在轨切换和路由能力的卫星，采用的是 Ka 频段，具有多波束，总通信容量达 10Gbps，是 Ku 频段通信卫星的 5 ~ 8 倍。其覆盖面积广，可覆盖全美国和加拿大部分地区，容纳 165 万个用户终端。另外，其采用的星上快速包交换技术可以大大缩短网络传输时延。

四、Exede Internet

Exede Internet 的研制和运营方是美国 ViaSat 公司，该系统由两个宽带通信卫星组成，分别是 2011 年发射的 ViaSat-1 和 2017 年发射的 ViaSat-2。作为目前全球容量最大的高轨宽带卫星通信系统，Exede Internet 的两颗卫星在容量和覆盖面积上具有明显优势，其中，ViaSat-1 总容量达 140 Gbps，下载速率为 12 Mbps，采用 Ka 波段点波束技术，可容纳 200 万个用户终端。ViaSat-2 卫星的总容量是 300 Gbps，下载速率为 25 Mbps，可容纳 250 万个用户终端，覆盖面积为 ViaSat-1 的 7 倍，它也是目前波音公司发射的最大卫星。此外，由 3 颗卫星组成的 Viasat-3 将会在 2019 年以后发射，每颗卫星的容量是 ViaSat-2 的 3 倍，达到 1Tbps，当这 3 颗卫星正式工作后，几乎能覆盖全球。

中轨卫星互联网星座

O3b 计划是中轨卫星互联网星座的主要代表。所谓 O3b，意思是"其他 30 亿"（Other 3 billion）。O3b 计划的制订由 3 家公司联合完成，它们分别是互联网巨头谷歌公司、汇丰银行以及有线电视运营商 Liberty Global。这 3 家公司联合组建了 O3b 网络（O3b networks）公司，为解决全球剩余 30 亿人因地理、经济等因素不能上网问题而奋斗。

2013 年 6 月，O3b 公司陆续将 8 颗 MEO 卫星送上太空。这 8 颗 MEO 卫星组建的网络采用 Ka 频段，每颗卫星下载速率为 12 Gbps，共可覆盖 7 个区域。2014 年 9 月，由 8 颗卫星组建的网络开始全面运转，该网络具有强大的服务能力，如可为用户提供 600Mbps 的中继带宽和低于 150ms 的时延能力。2014年10月18日，O3b公司将最后4颗卫星送入轨道，由12颗中轨卫星组成的互联网星座最终落成。

2018年6月8日，O3b公司在美国销售卫星联通服务的新请求顺利获得了FCC的批准。不久，O3b的26颗新增卫星将能为美国卫星互联网的发展做出贡献。在新的授权下，O3b公司正式运营的中轨卫星将能达到42颗。O3b星座原先只能覆盖到南、北纬50°之间的区域，而随着兼用倾斜和赤道轨道的新增卫星的加入，其覆盖范围扩展到地球两极，成为一个全球性的卫星互联网系统。

目前，O3b公司共有16颗卫星用以支持中轨宽带星座网络。最初发射的12颗卫星已经正式投入运营，这些卫星采用非同步轨道，可以提供固定卫星业务，能为亚非拉及中东地区解决互联网宽带接入问题。2018年，O3b公司新发射了4颗卫星，这些卫星在2018年5月17日之后正式投入使用。下文详细介绍正式运营的初始12颗卫星。

一、系统概述

O3b系统的初始星座位于距地面8062千米的赤道圆轨道，可覆盖全球南、北纬45°之间的所有区域，甚至可服务于南、北纬45°～62°范围内的一些地方。O3b星座系统所拥有的12颗初始卫星可以发射70个用户波束，将覆盖范围分成7个区域，平均每个区域享有10个用户波束。

O3b星座系统所提供的速率和服务，根据应用领域的不同而不同，其业务应用涉及面较广，可为能源通信、政府通信、海事通信、地面移动网干线等多个领域提供服务。

例如，在能源领域，O3b星座系统可以提供低时延的实时音视频通信业务、高宽带远程资产监控服务等，甚至能为边缘地区或海上油气田的工作人员提供生活网络，帮助他们改善业余生活。在政府服务领域，O3b 星座系统可以提供高度保密的网络路线，保障政府工作的安全。在海事应用领域，O3b 星座系统能为游轮旅客提供流畅的网络服务，使他们在海洋环境中也能流畅地进行视频通信和网络社交，且其网络体验足以媲美陆地宽带体验。在地面移动网干线方面，O3b 星座系统能针对不同地面环境为地面移动网干线提供基站间通信业务。

二、运行方式

在 O3b 星座系统中，卫星以星形组网方式运行，各个卫星之间没有星际链路，全部使用透明转发方式传递信号。整个星座系统的路由交换依托地面信关站完成，信关站能将卫星信号连接到地面通信网，同时能通过中继转接实现用户之间的通信。

O3b 星座系统有两大链路：一是前向链路，即信关站通过卫星到达用户终端的链路；二是返向链路，即用户终端通过卫星到达信关站的链路。前向链路和返向链路都采用 Ka 频段，带宽为 216MHz，卫星与用户终端之间采用用户波束进行通信，卫星与信关站之间采用馈电波束进行通信。

由于采用的是透明转发方式，O3b 星座系统可以适用于任何技术体制。该系统提供的服务与传统的转发器出租业务相似。不过，随着卫星的轨道运动，其用户使用的转发信号会在不同卫星和波束之间切换，所以用户使用的转发器是非固定的。另外，每个波束的指向也是可以调整的。

O3b 星座系统采用热点覆盖的方式，由每颗卫星产生 10 个用户点波束分别覆盖不同的服务区域。这些波束能根据不同服务区的特点指向目标用户，例如，若用户是移动的，这些波束就会进行跟随移动服务。

为了进一步提高通信吞吐量，O3b卫星采用了两大技术：一是基于TCP/IP的性能增强代理（PEP），二是远端站本地缓存技术。2014年，投入运营的 O3b卫星互联网已经能提供超过500Mb/s的宽带网速。O3b星座系统的运行轨道位于赤道平面，由于其关口站骨干网可以直接与地面因特网连接，所以不需要太高的运营成本。相应地，其用户的使用成本也不会很高，用户们可以在可承受范围内享受到优质的卫星网络服务。

三、O3b卫星星座未来规划

2017年11月，O3b公司向FCC提出了新的申请报告，计划将在未来新增30颗MEO卫星，并以两种轨道运行。其中，由20颗卫星组成O3bN系统，运行于赤道轨道。目前，属于第一代O3b星座的8颗卫星已获批准，其中4颗于2018年3月发射，另外4颗预计2019年发射，已发射的4颗卫星与初始12颗卫星采用相同的运行频率。另外新增的10颗卫星组成O3bI系统，运行于倾斜轨道。

需要明确的是，已获批的8颗O3bN卫星属于第一代O3b星座，而剩余12颗O3bN卫星和10颗O3bI卫星属于第二代O3b星座。第二代O3b星座的卫星采用全电推进，相比于目前700公斤的O3b卫星，它的每颗卫星的重量高达1200公斤，而且所有卫星采用了更先进的卫星平台技术。

第二代O3b星座的卫星具有强大的波束形成能力，每颗卫星可以实时形成超过4000个波束，并且兼顾调整、路由和切换等功能，因此可以满足任何地方的带宽需要。与第一代卫星相比，第二代卫星的性能明显提高，虽然第二代卫星的轨道高度没有改变，但由于引入了70度倾角的倾斜轨道，所以几乎可以实现全球覆盖。

低轨卫星通信系统

20世纪90年代以后，西方发达国家开始构建低轨卫星通信系统，并经历了两次低轨星座发展热潮。20世纪90年代初，二十多种低轨星座方案被相继提出，参与制定方案的都是国际上声名显赫的大公司，包括摩托罗拉、劳拉、阿尔卡特、波音等。这是低轨卫星的第一次发展热潮，其主要面向的是个人移动通信服务。其中，代表性的低轨卫星通信系统有Iridium（铱星）、ORBCOMM、Globalstar等。

然而，2000年前后，Iridium、ORBCOMM、Globalstar系统先后宣告破产，这主要是因为这些卫星系统的建设成本过高且市场定位不够准确。这些代表性低轨卫星通信系统的失败对其他项目也产生了影响，相继终止的项目不胜枚举。近几年，低轨星座迎来了第二次发展浪潮，相比于第一次发展浪潮，其规模更大，也更猛烈，代表性的地轨星座有OneWeb、Starlink等。这次发展浪潮主要面向卫星互联网接入服务，其驱动力源自互联网应用、微小卫星制造和低成本发射等技术的发展。

一、传统低轨卫星通信系统

（1）铱（Iridium）卫星通信系统。

铱星系统创造了全球多个唯一，如它是全球唯一采用星间链路组网的低轨星座系统，也是全球唯一无缝覆盖的低轨星座系统。

1998年，Iridium第一代系统在正式建成后不久就开始投入商业运营，然而，只过了短短一年便宣告破产。后来，"新铱星"公司收购了这一系统。

2017年1月到2019年1月，铱星第二代系统全部组网完成，该星座系统距地轨道高度为780千米，共由66颗卫星组成，所有卫星分布在6个轨道面上。Iridium星座采用L频段，传输速率为1.5 Mbps，运输式终端速率为30 Mbps，便携式终端速率为10 Mbps。相比于一代卫星系统，Iridium二代配置了软件定义可再生处理载荷，为自己的L频段配置了48波束的收发相控阵天线，同时又为用户链路增加了Ka频段。在这些技术的加持下，Iridium二代的功能更多，也更为强大，如它拥有对地成像、航空监视、导航增强、气象监视等多种功能，拥有更高的业务传输速率和更大的传输容量等。

（2）ORBCOMM系统。

1996年，ORBCOMM星座计划正式启动，其主要提供的是数据通信商业服务。ORBCOMM星座系统的卫星轨道高度介于740千米和975千米之间，共有7个轨道面，约由40颗卫星组成，同时还兼具16个地面站。该星座采用VHF频段的用户链路，内部没有星间链路，其卫星质量比第一代系统增加3倍，接入能力比第一代系统提升6倍。ORBCOMM系统拥有强大的船舶自动识别功能，是全球最大的天基AIS网络服务提供者。

（3）Globalstar系统。

Globalstar系统的商业运营始于1999年。该系统采用玫瑰星座设计，共有48颗卫星，卫星轨道高度为1400千米。Globalstar的用户链路有两个波段，分别是L波段和S波段，为了节约成本，系统采用了无星间链路和弯管透明转发设计。相比于第一代系统，Globalstar二代系统的传输速率有了明显提高，同时还增加了ADS-B（广播式自动相关监视）、AIS、互联网接入服务等新业务。

二、新兴低轨卫星互联网星座

（1）OneWeb系统。

OneWeb系统由OneWeb公司提出，该公司的创始人是原O3b创始人格雷格·惠勒（Greg Wyler）。OneWeb公司计划部署近三千颗低轨卫星用于创建OneWeb系统，在计划初期，该系统主要采用Ku频段的用户链路，之后再向Ka、V频段扩展。

在计划初期阶段，OneWeb公司准备将720颗卫星送入1200千米的太空轨道，为了节约成本，OneWeb系统采用透明转发方式，其互联网接入服务主要基于地面关口站。OneWeb系统每颗卫星的重量不超过150千克，且拥有5 Gbps以上的容量，即使终端的天线口径只有0.36米，它也能为用户提供约50 Mbps的互联网宽带。OneWeb公司经美国联邦通信委员会授权，已经可以在美国提供互联网服务。2018年12月13日，OneWeb公司为了降低OneWeb系统的全球覆盖成本，决定将其初期星座规模缩减至600颗。截至2019年2月27日，首批6颗卫星已经陆续发射升空。

（2）Starlink卫星互联网星座。

Space X公司是Starlink卫星互联网星座的提出者。该计划欲将4425颗低轨卫星送至1150千米高度的太空轨道，将7518颗低轨卫星送入340千米左右的太空轨道，创建一个拥有约1.2万颗卫星的庞大卫星群。为了更好地实现覆盖，低轨星座采用Ku/Ka频段的用户链路；为了增强信号和提供更有针对性的服务，低轨星座采用V频段的用户链路。Space X公司是一家致力于星座运营的公司，它的优势主要体现在卫星制造方面，而这需要大量的资金支持，因此，为了实现Starlink卫星互联网星座计划，该公司预计需要融资100亿~150亿美元。高投入往往预示着高回报，Space X公司预计该互联网星座最终将于2025年完全落成，届时使用用户将达到4000多万个，年营收额将达到300亿美元。

（3）LeoSat卫星互联网星座。

LeoSat公司是LeoSat卫星互联网星座的提出者。该计划欲将108颗卫星送入距地面 1400 千米的 LEO 轨道上，该星座共有 6 个轨道面，每个轨道面都由 18 颗卫星铺就。为了更好地实现高速数据传输服务，LeoSat 系统采用 Ka 频段的用户链路，可提供 1.6Gbps 的带宽，它不仅具有星间链路，还会采用光通信。在用户群方面，LeoSat 与 OneWeb、Space X 存在较大不同，它主要致力于政府和大型企业的数据传输服务，因此，LeoSat 卫星互联网星座在落成后，预计能为 3000 多家大型企业及机构提供高速数据接入服务。

国外卫星互联网发展趋势

随着卫星互联网的发展，卫星轨道已经不仅仅限于中低轨道。为了实现卫星互联网的应用，国外不少新老卫星通信公司、互联网商业公司提出了许多有特色的宽带卫星通信系统。下面将从系统规模、系统容量、运行寿命、覆盖范围、传输时延、宽带成本、系统建设维护成本、频率协调八个方面具体分析高轨、低轨卫星应用系统的优缺点，具体如表 18-1 所示。

表 18-1　高低轨卫星应用系统优缺点分析

卫星轨道	系统规模	系统容量	运行寿命	覆盖范围	传输时延	宽带成本	系统建设维护成本	频率协调
高轨	系统规模适中	单星容量较高	运行寿命较长（15年）	单星覆盖范围大，但存在两极覆盖盲区，特定地形通信困难	较长	较高	系统规模小，系统建设及维护成本较低	适中
低轨	系统规模庞大	单星容量小，系统容量高	运行寿命较短（5~10年）	单星覆盖范围较小，多星组网可实现全球覆盖，保证复杂地形区域通信不间断	短	较低	系统规模庞大，系统建设及维护成本较高	频率协调难度大，同时需要考虑落地权问题

从表18-1中可以看出，两种卫星通信系统各有其优缺点。相比于高轨卫星通信系统，低轨卫星通信系统的优点在于系统容量更高，覆盖范围更广，网络时延更短，宽带成本更低，更易实现手机类小型用户终端设备的链接，方便移动通信。而高轨卫星通信系统拥有更长的运行寿命，系统建设及维护成本较低，频率协调更容易。在系统容量方面，低轨卫星通信系统比高轨卫星通信系统更具优势，但是，由于高轨卫星可实现高带宽容量传输，所以其在提供高清直播服务方面比低轨卫星通信系统更具优势。要建设卫星互联网星座，需要根据高低轨系统的优越性，统筹兼顾，优势互补。

总体来看，国外卫星互联网的发展有以下趋势：

一、由传统高轨星座向中低轨星座发展

在国外，企业对卫星互联网星座的需求正从传统高轨星座向中低轨星座发展，这是因为中低轨星座的优势更适合现代通信的需求，如它的终端设备更小，发射功率更低，传输时延更短，用户容量更大，具有用户多样性，等等。OneWeb系统和Starlink系统是新兴低轨卫星互联网星座的代表，其中OneWeb系统的星座轨道高度为1200千米，计划部署720颗卫星，Starlink系统的星座轨道高度从340千米到1150千米不等，计划部署1.2万多颗卫星。中低轨星座的系统规模庞大，但这也是实现全球通信覆盖的前提。不过，中低轨星座在未来的发展中必定要付出巨大的代价，人类不仅要应对其规模的庞大化，还要应对其系统的复杂化。

二、与地面通信网络合作发展

早期铱星系统的破产是卫星互联网星座发展的前车之鉴，因此，许多开发商开始与地面网络合作，以实现卫星互联网星座的新发展。新兴卫星

互联网星座被看作是地面通信的扩展，它能对光纤无法覆盖的地区实现全面覆盖，因此，开发商们更倾向于与电信运营商进行长期合作，从而实现利益的最大化。新一代GEO系统可以实现卫星网络和地面网络之间的无缝切换，其采用的辅助地面组件技术能通过设置空中接口和工作频段，帮助用户终端完成这种无缝切换。

三、全新投融资、市场经营模式

新兴卫星互联网星座的建设和维护需要大量的资金，所以必须通过资本合作的方式来完成。例如，OneWeb的很多投资者并不是卫星制造公司，比如可口可乐、高通、软银集团、空中客车、巴帝企业、维京集团等，其采用全新的融资模式在第一轮融资时便获得了5亿美元的投资，随后，由日本软银集团领投，第二轮融资金额达到12亿美元。Starlink卫星互联网星座的主要投资者是谷歌和富达，融资金额达到10亿美元。新兴卫星互联网星座的目标用户逐渐向个人消费者转化，用户们可以直接使用智能手机访问网络，不需要借助专用的卫星终端设备访问网络。

四、建造卫星制造工厂，批量制造

铱星系统破产的主要原因包括以下几点：一是成本过高，二是研发周期过长，三是用户负担过高。这些原因直接导致铱星系统星座建设错过了最佳发展时机。鉴于铱星系统破产的经验，开发商在批量生产卫星方面有了新趋势，他们一方面会通过采用新技术和增加商用工业级器件来降低卫星成本，另一方面会通过模组化生产卫星来缩短卫星制造的周期。在缩短卫星制造周期方面，OneWeb系统做得非常出色，如开发商通过引入汽车制造的理念实现了卫星系统的模组化制造，这样一来，卫星制造的周期大大缩短，每周可生产16颗卫星，一年可生产648颗卫星。